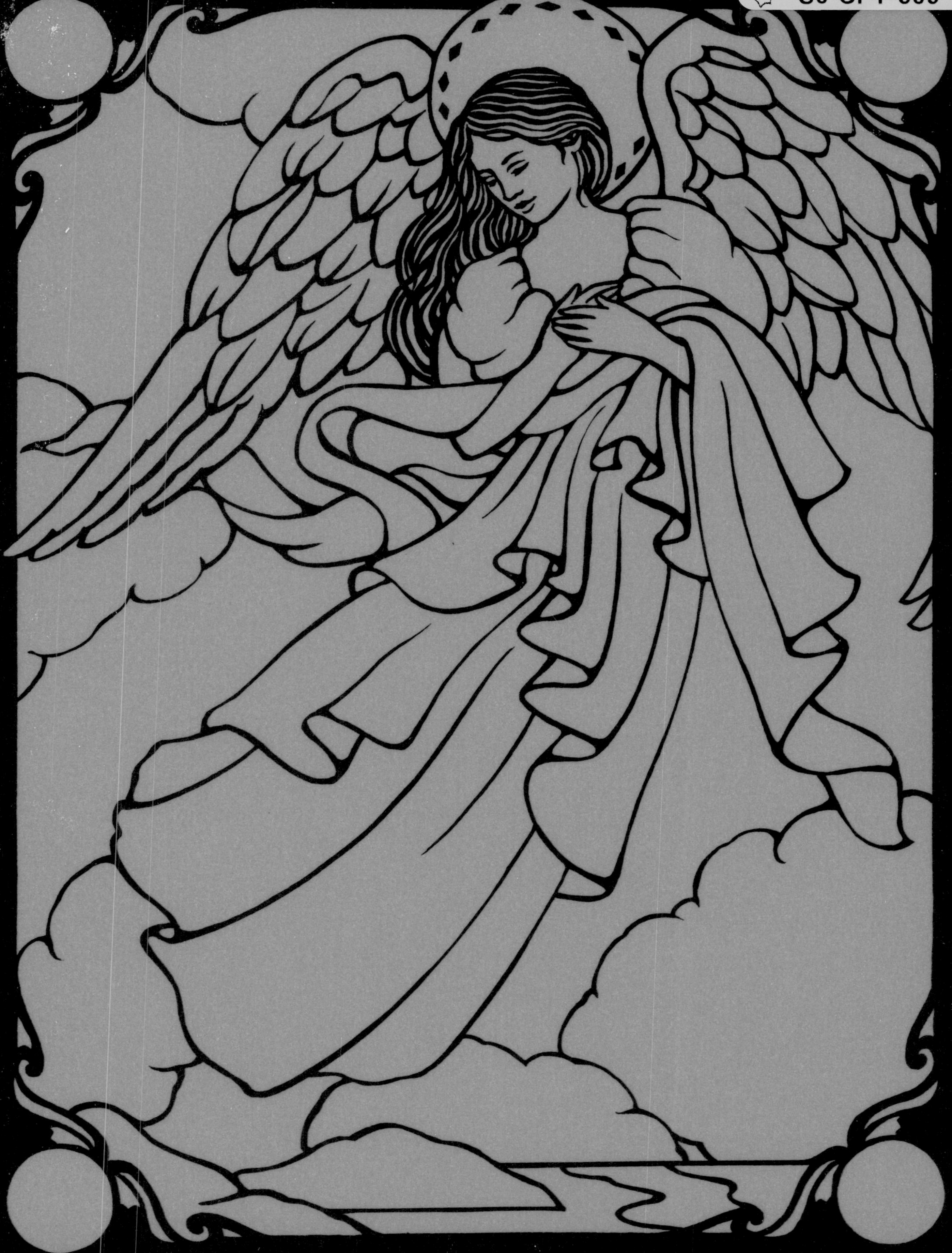

S0-CFY-509

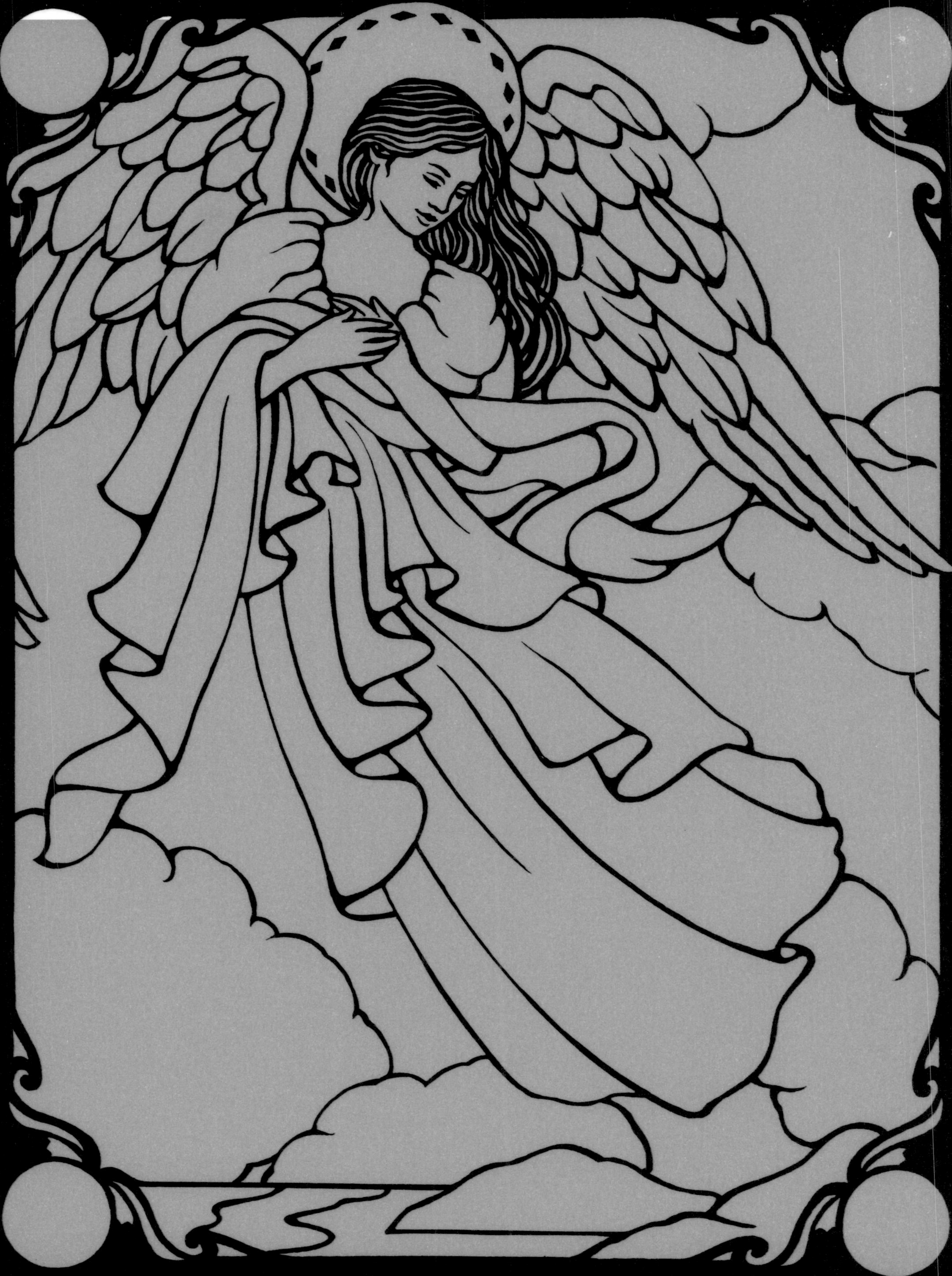

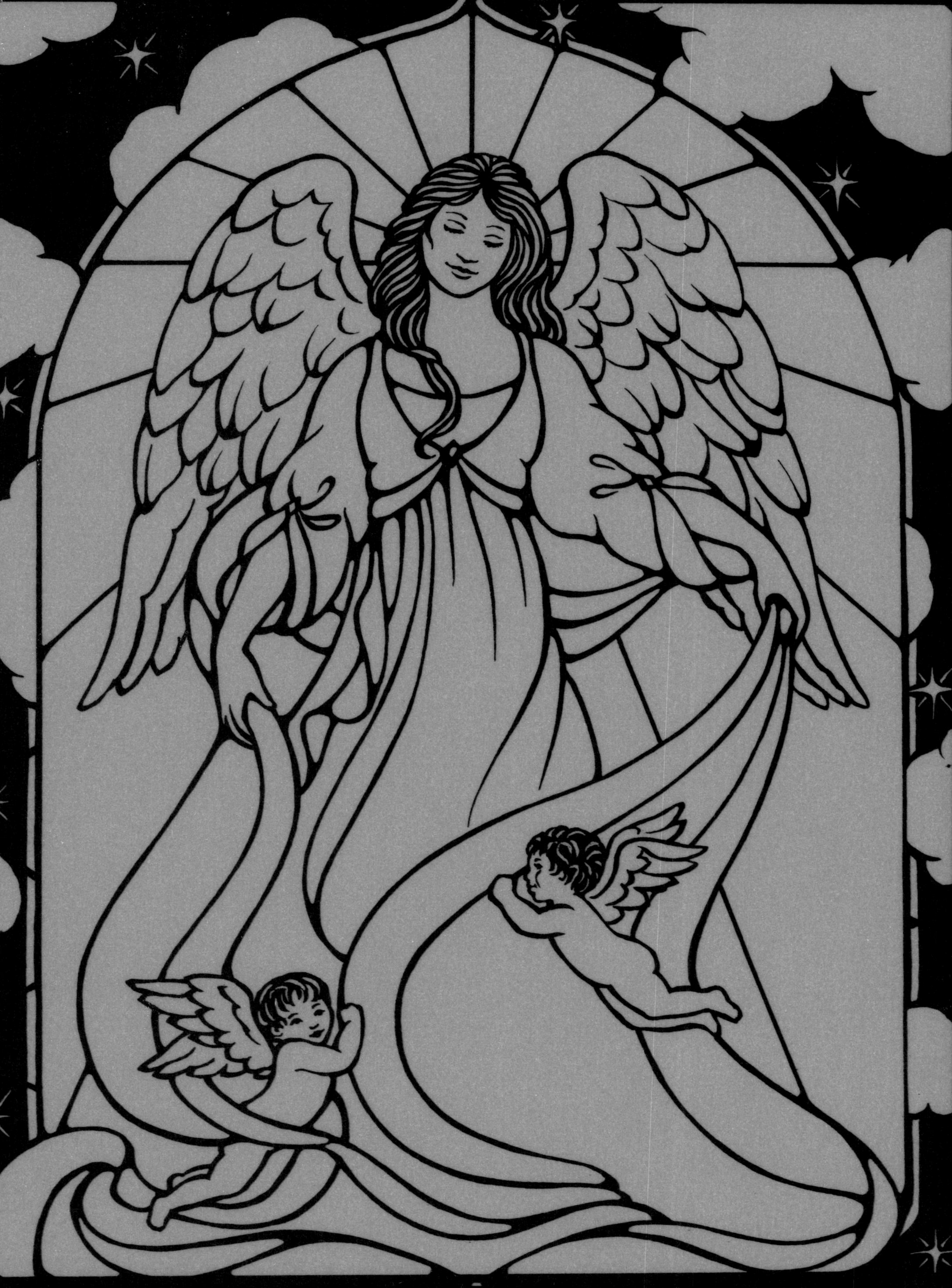

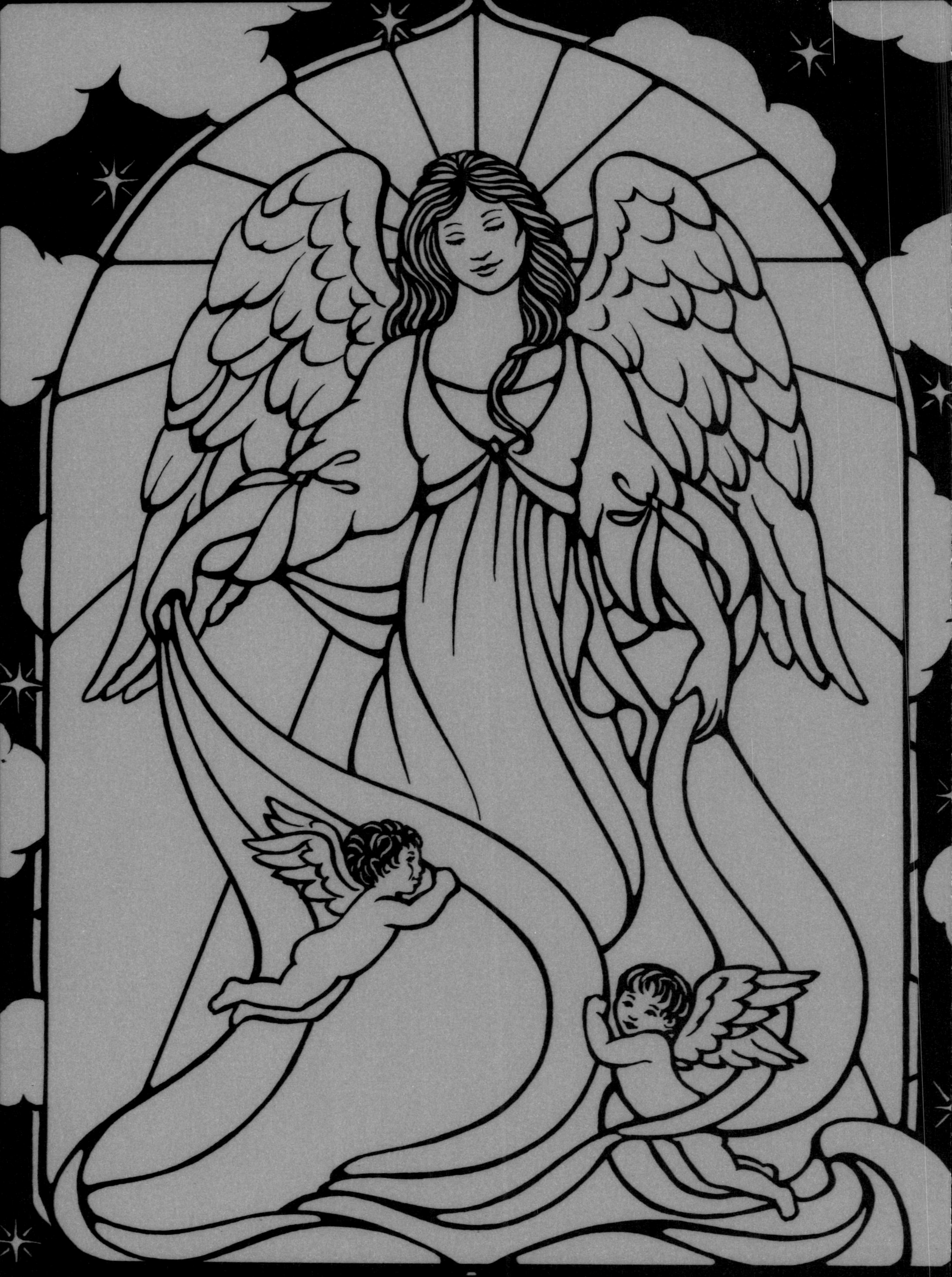

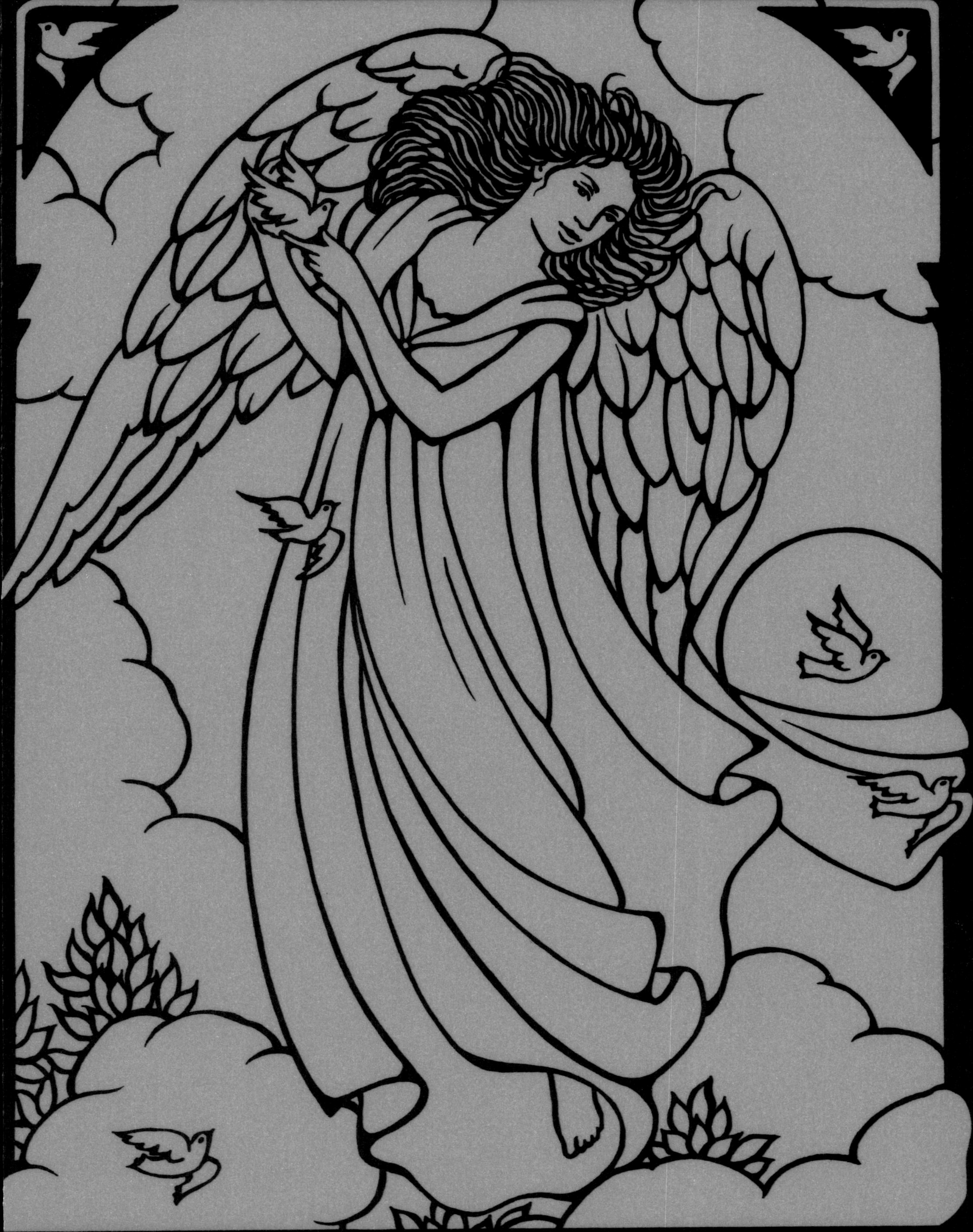

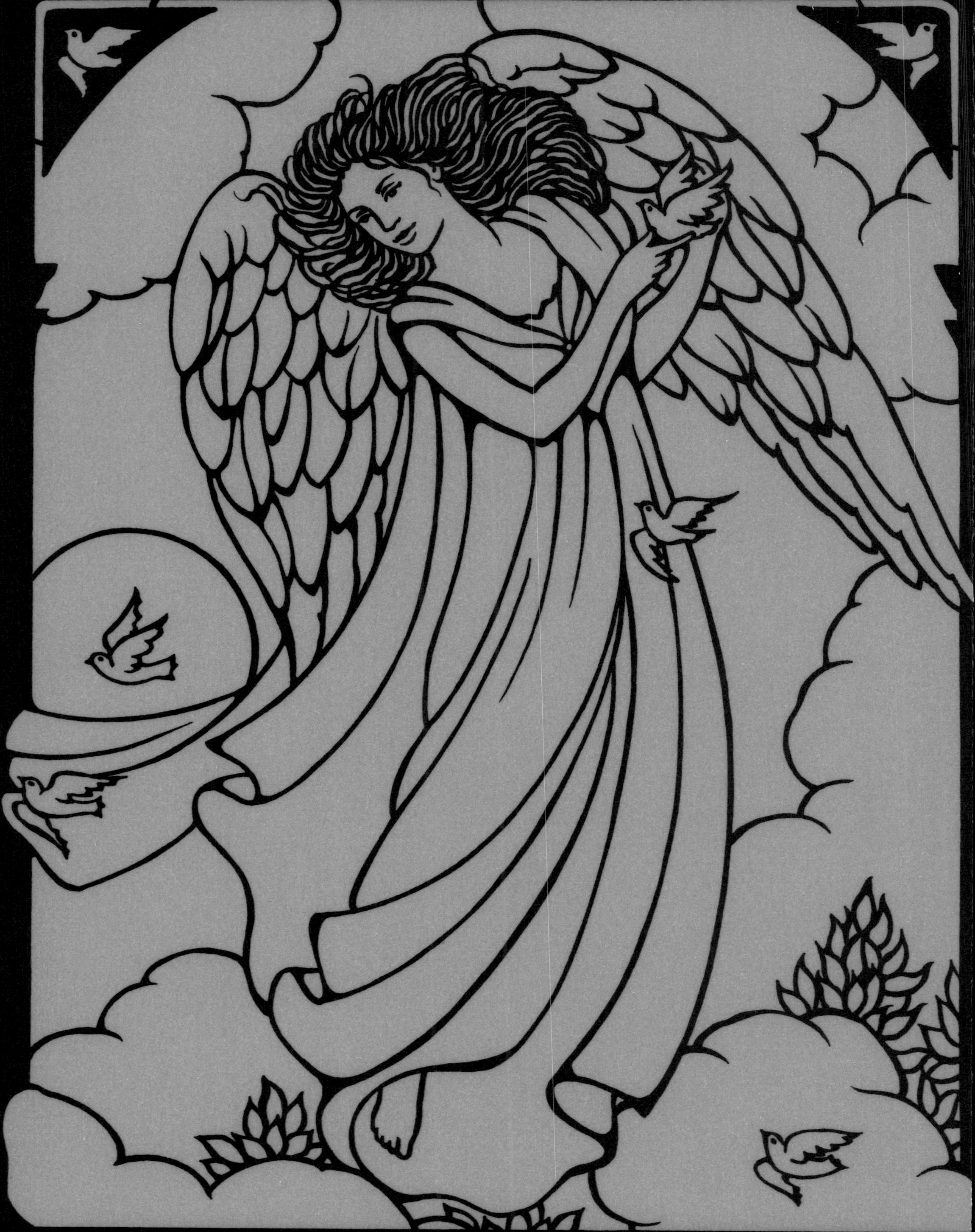

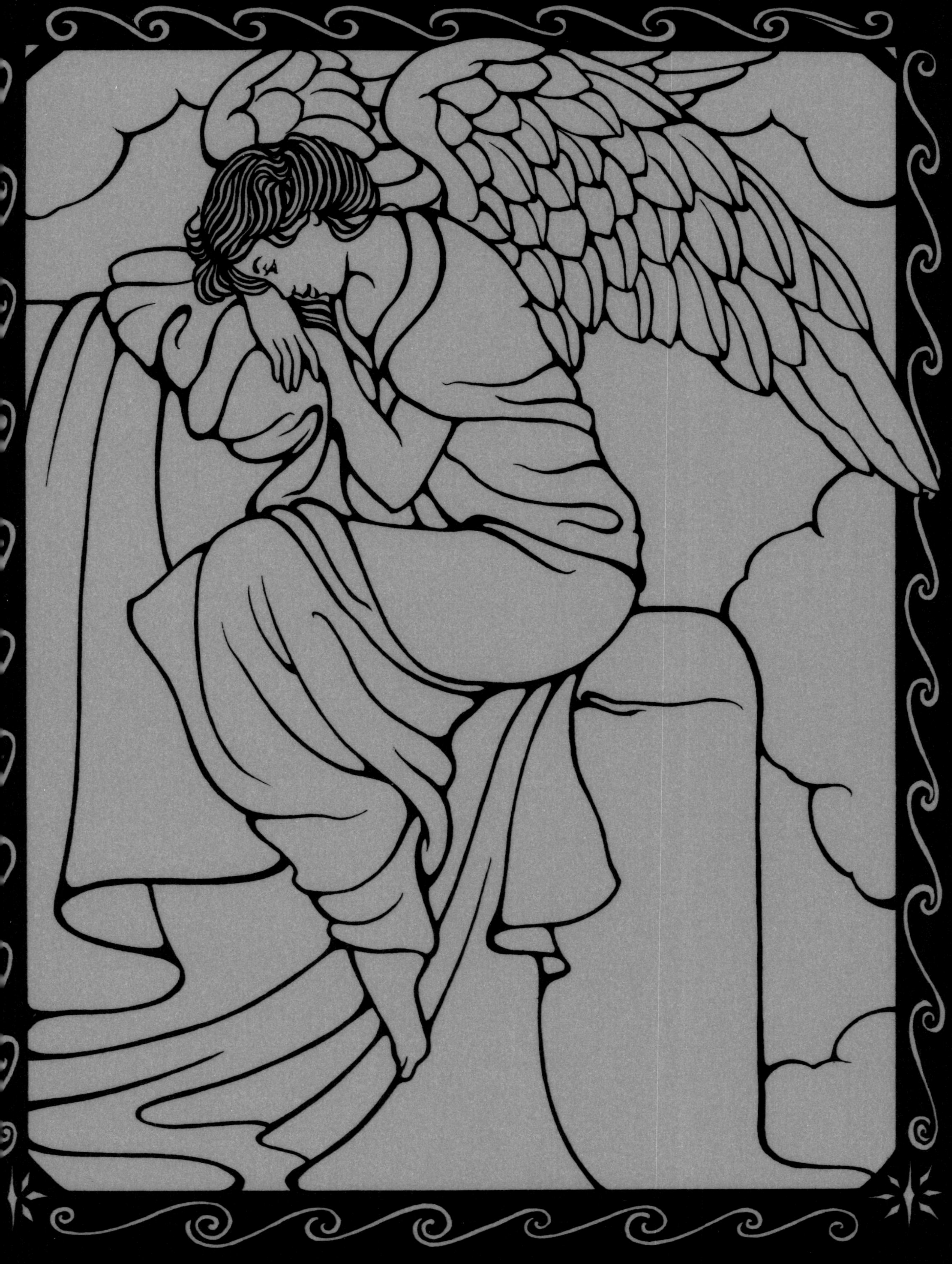

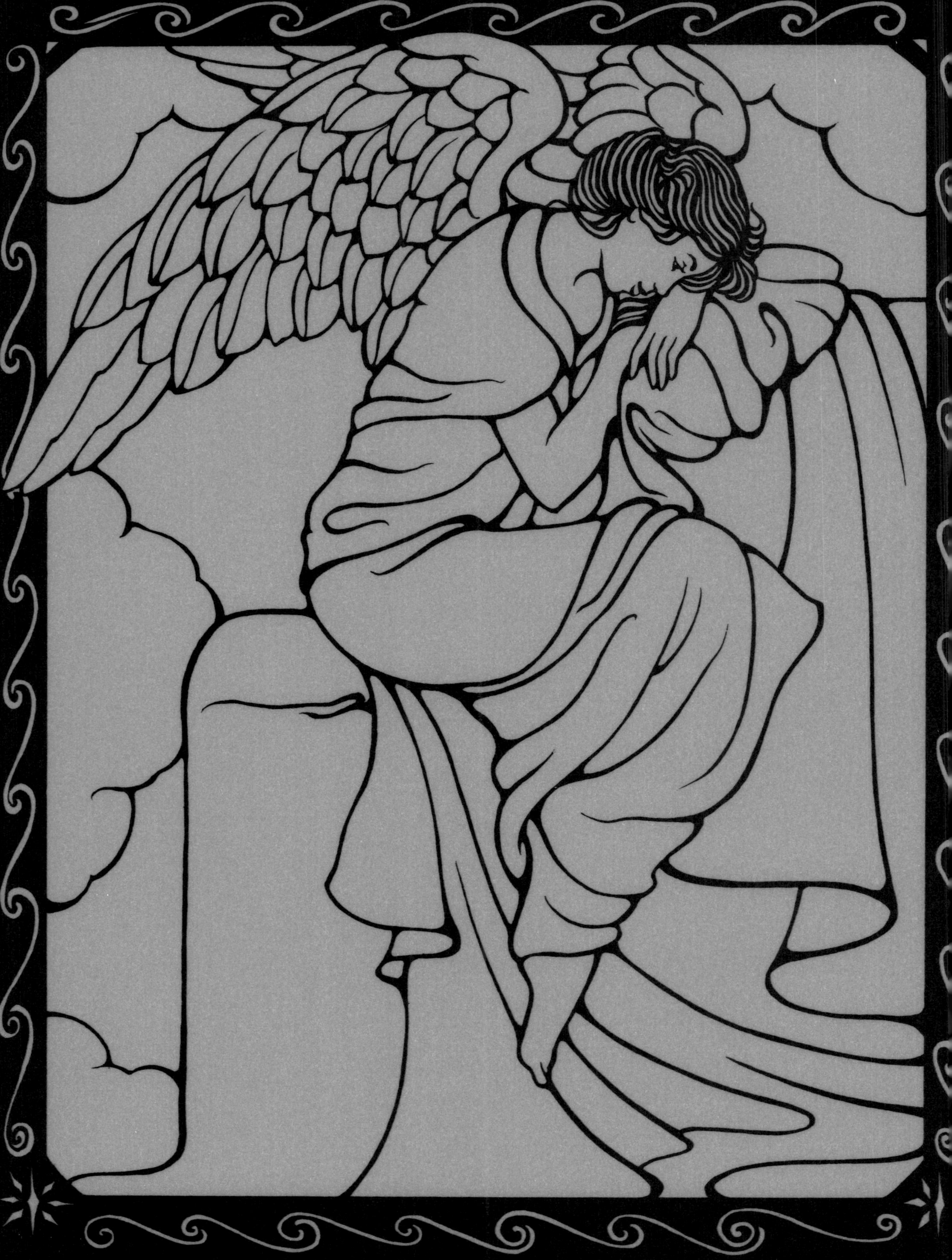

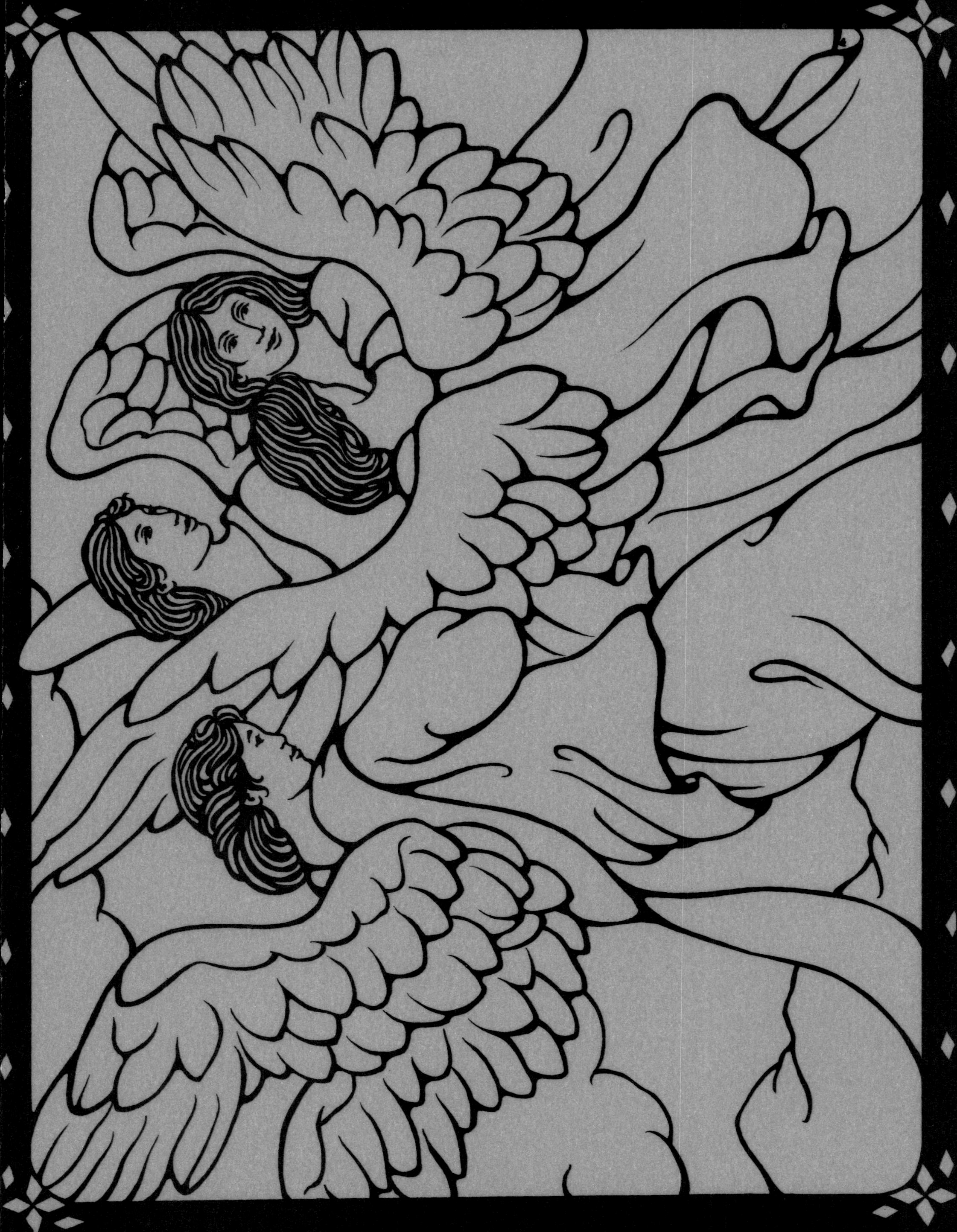

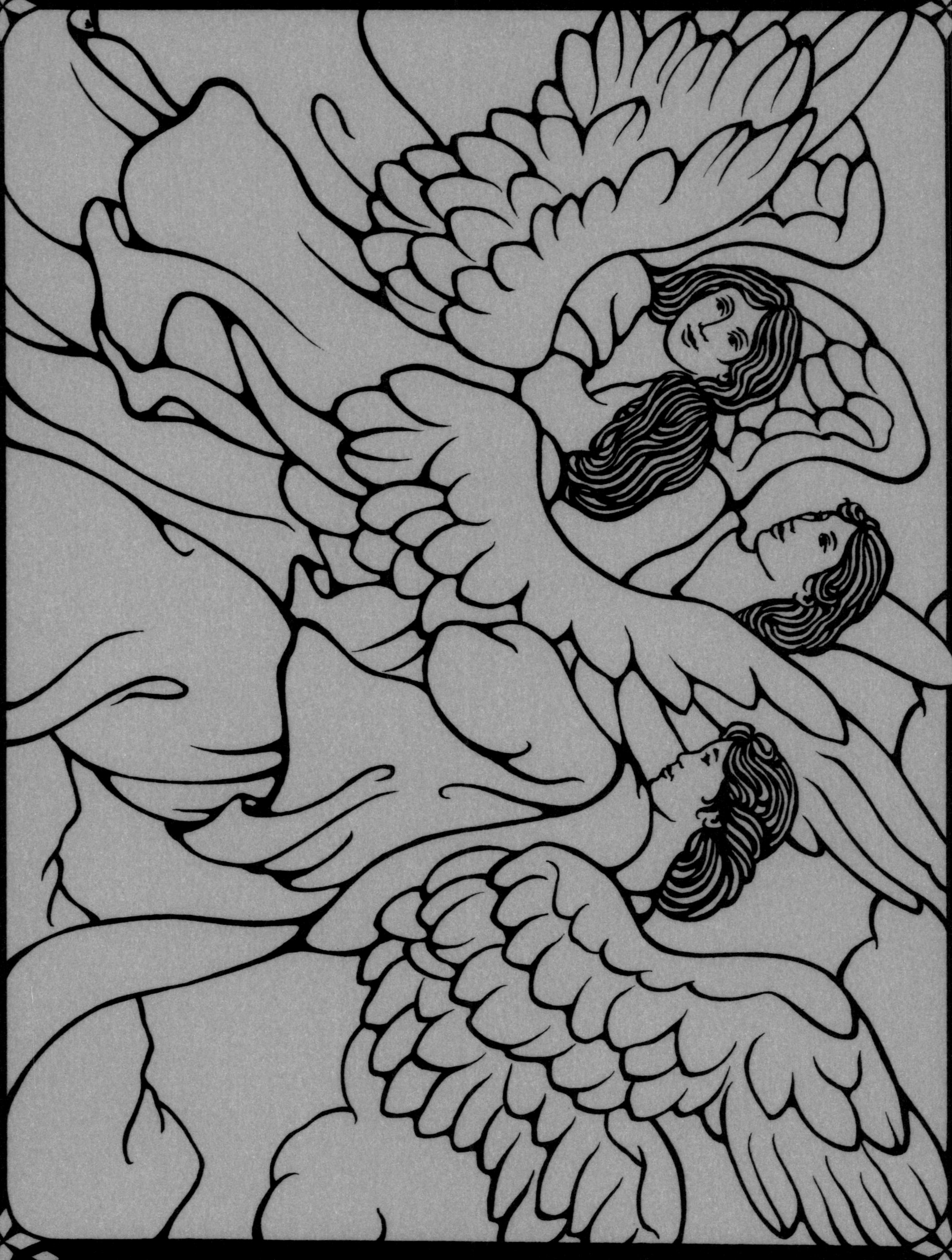

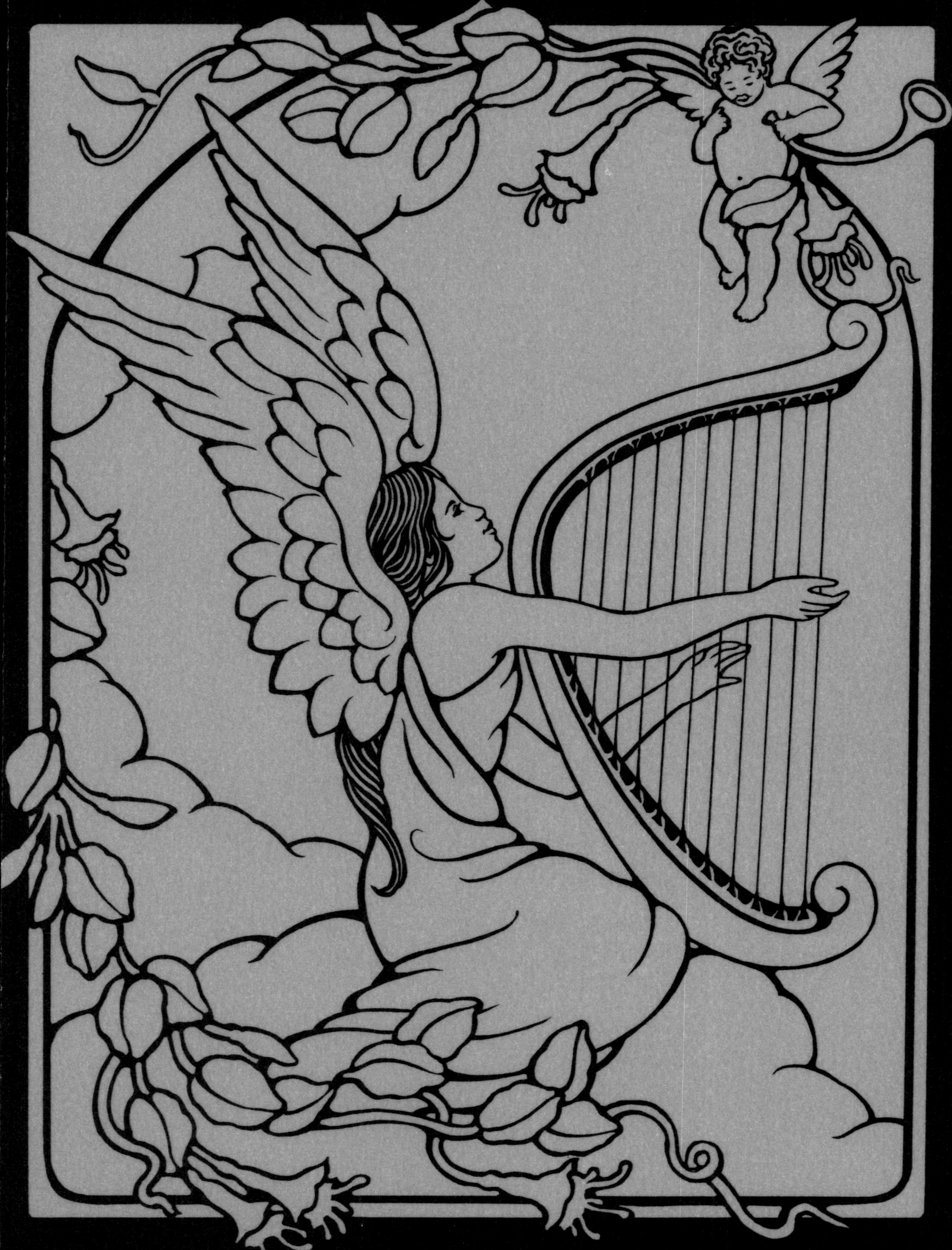

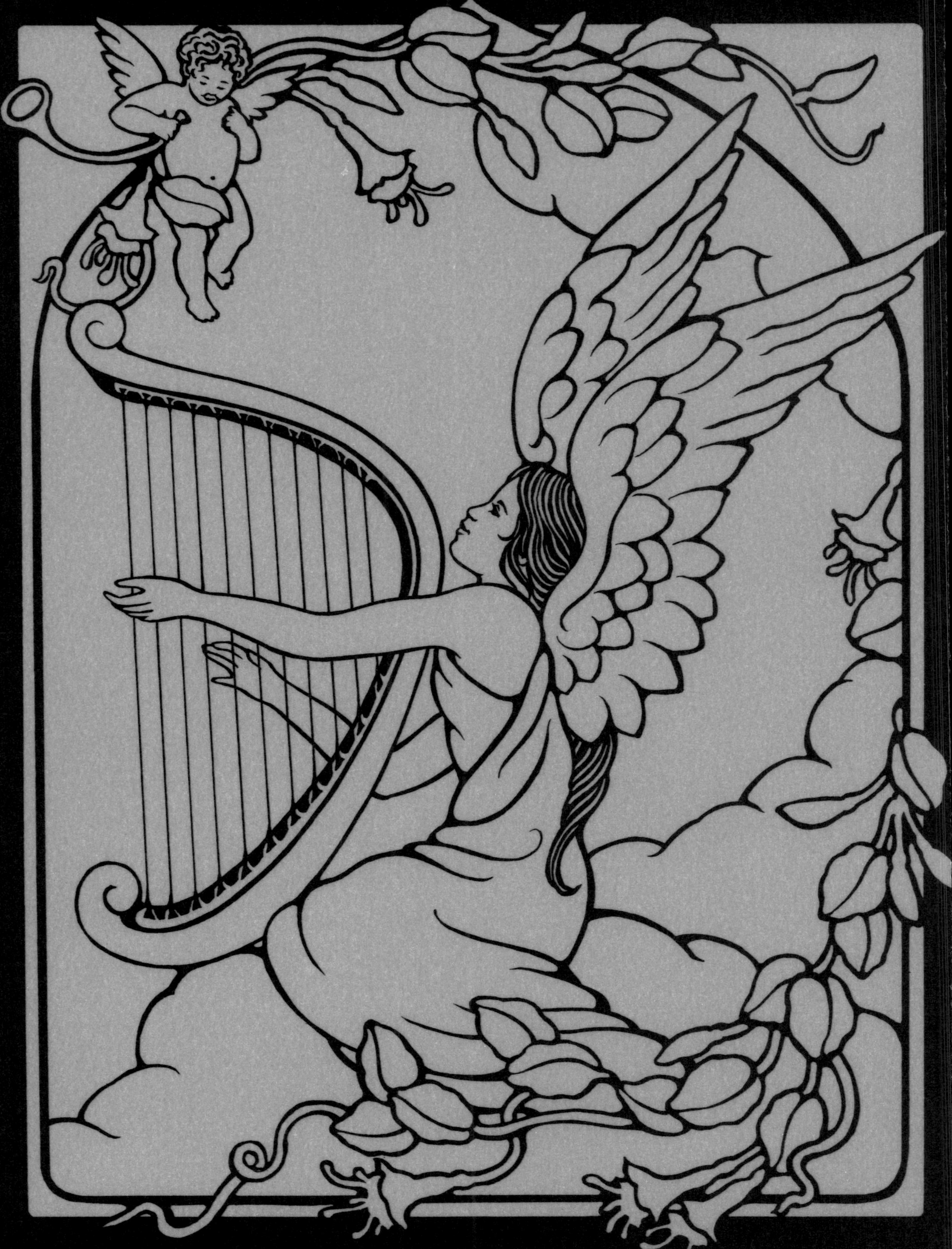

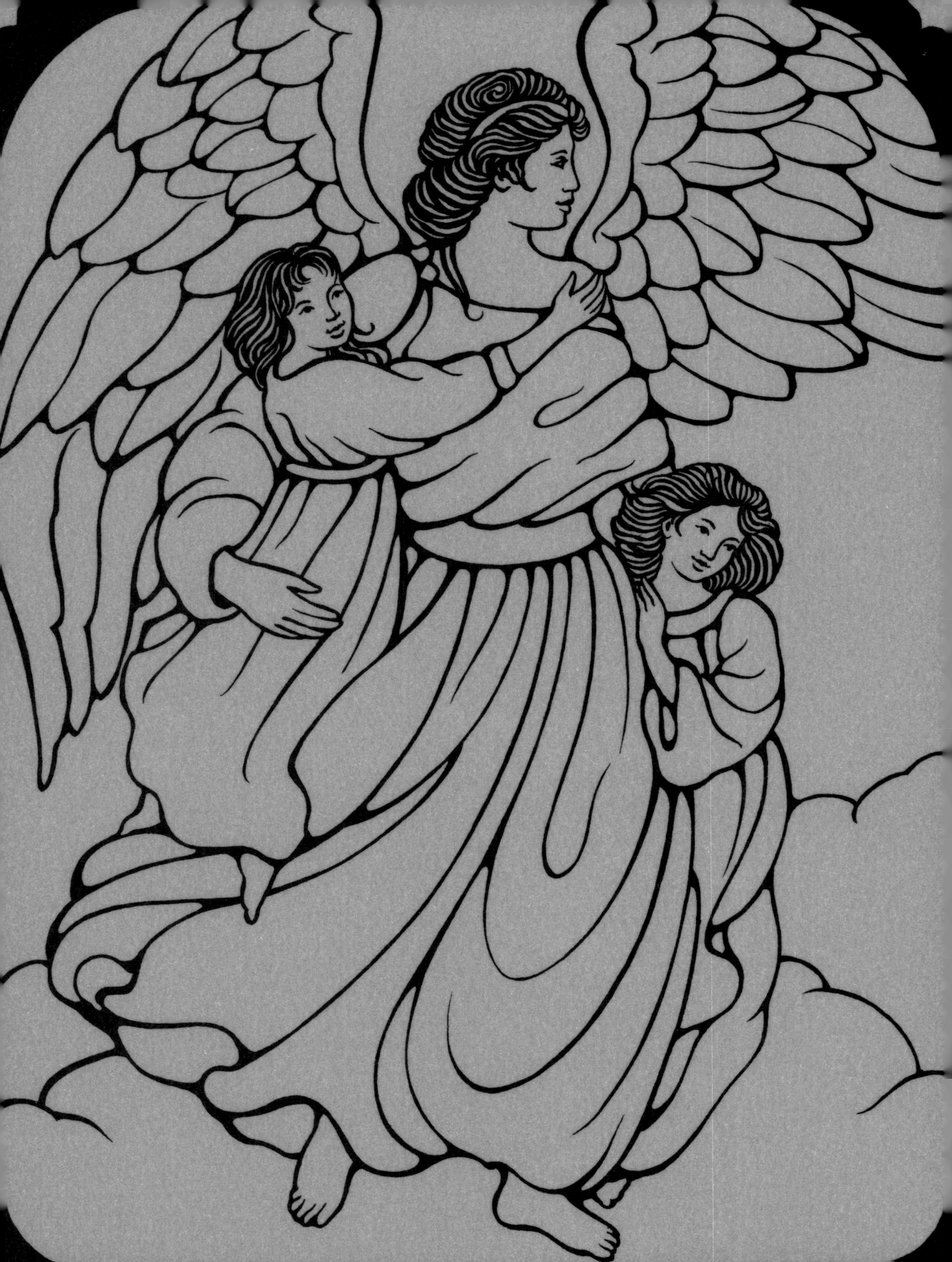

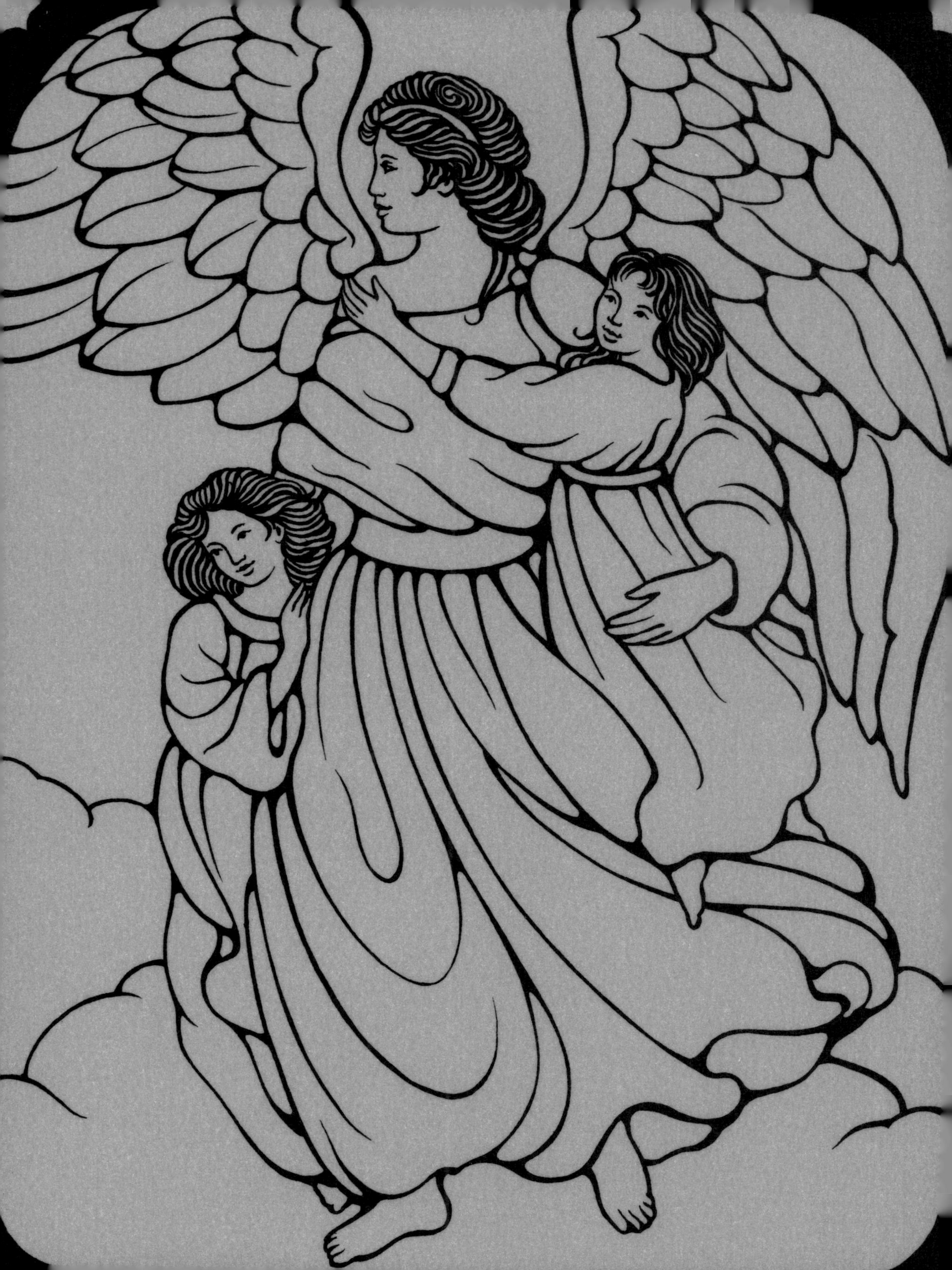

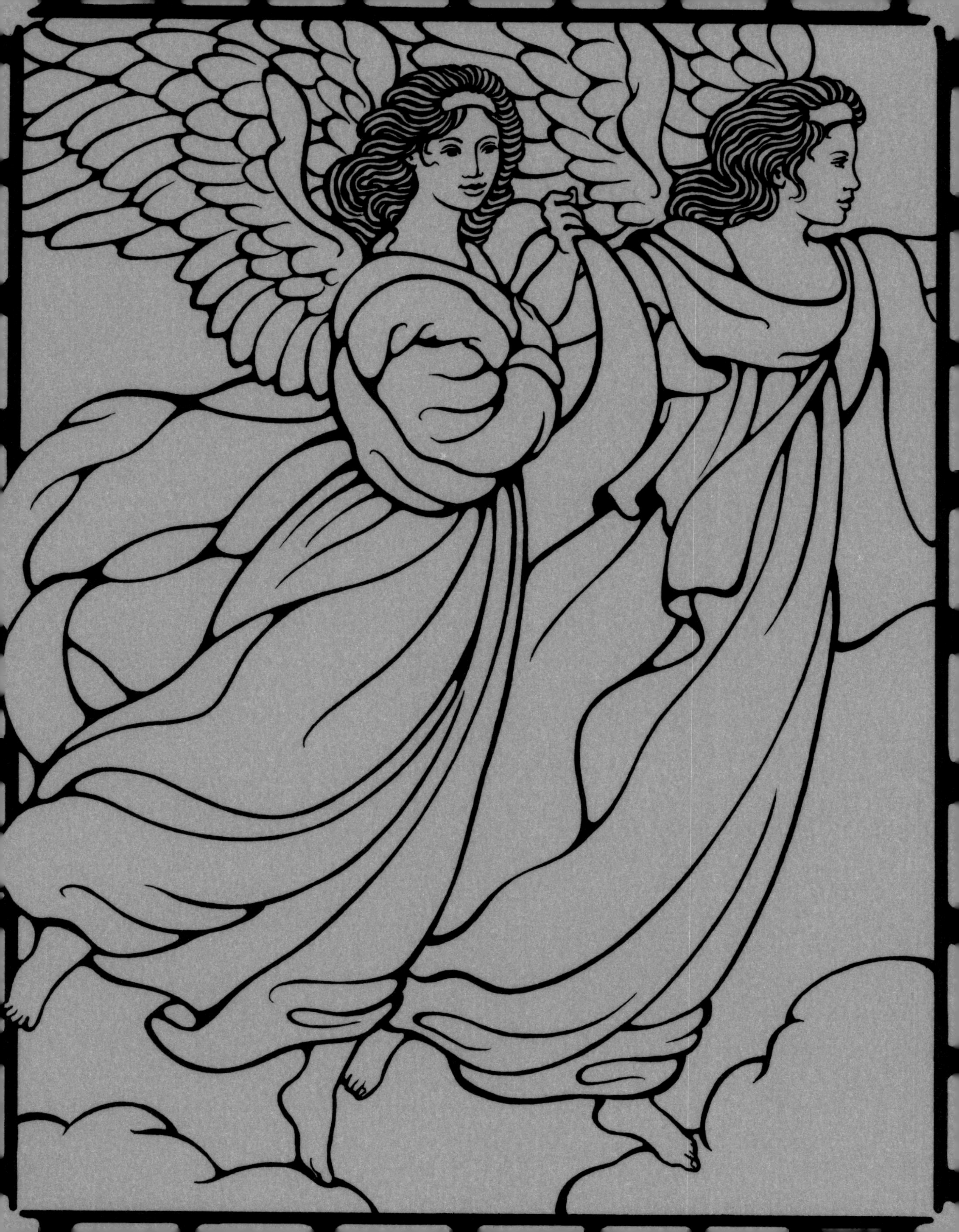

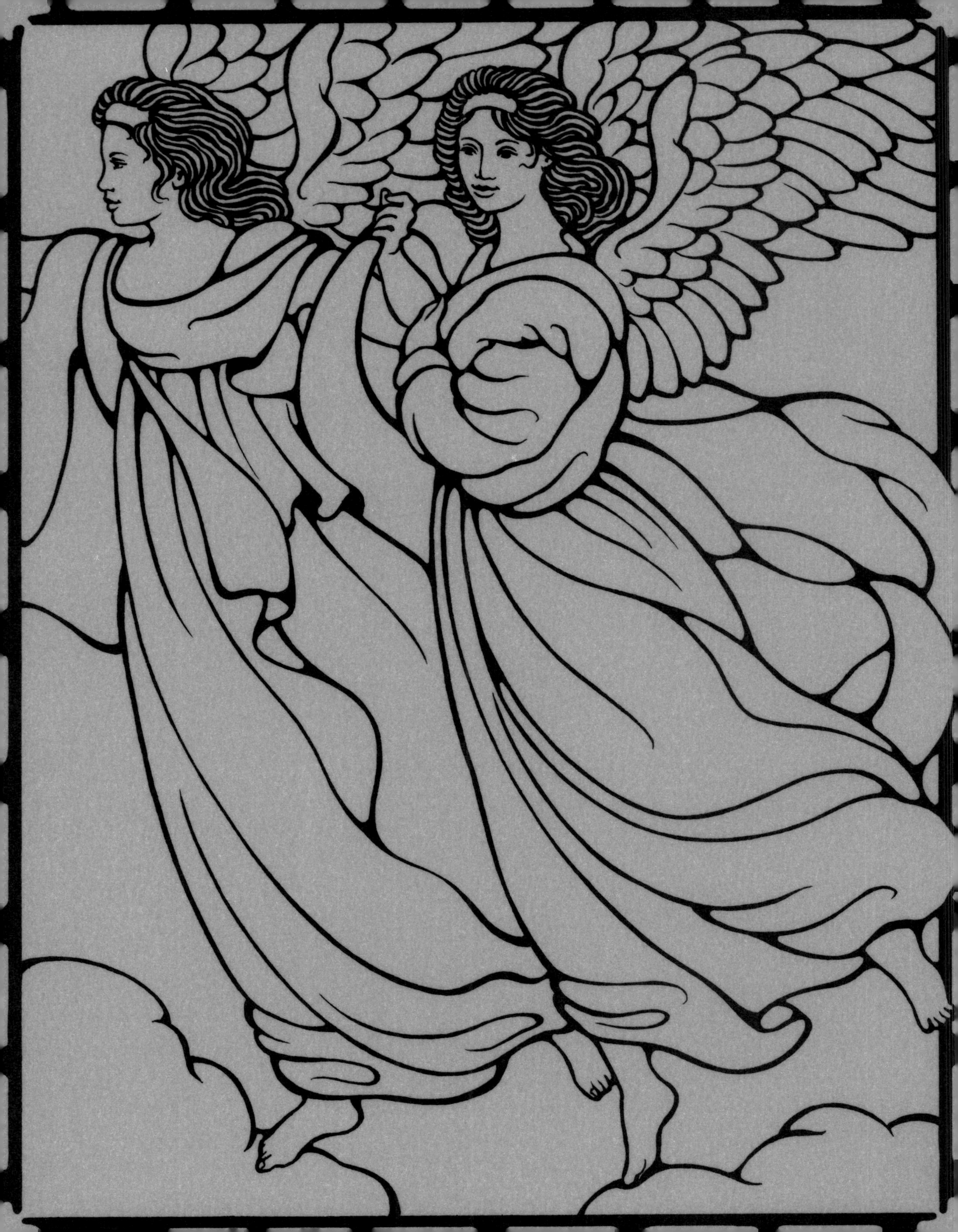

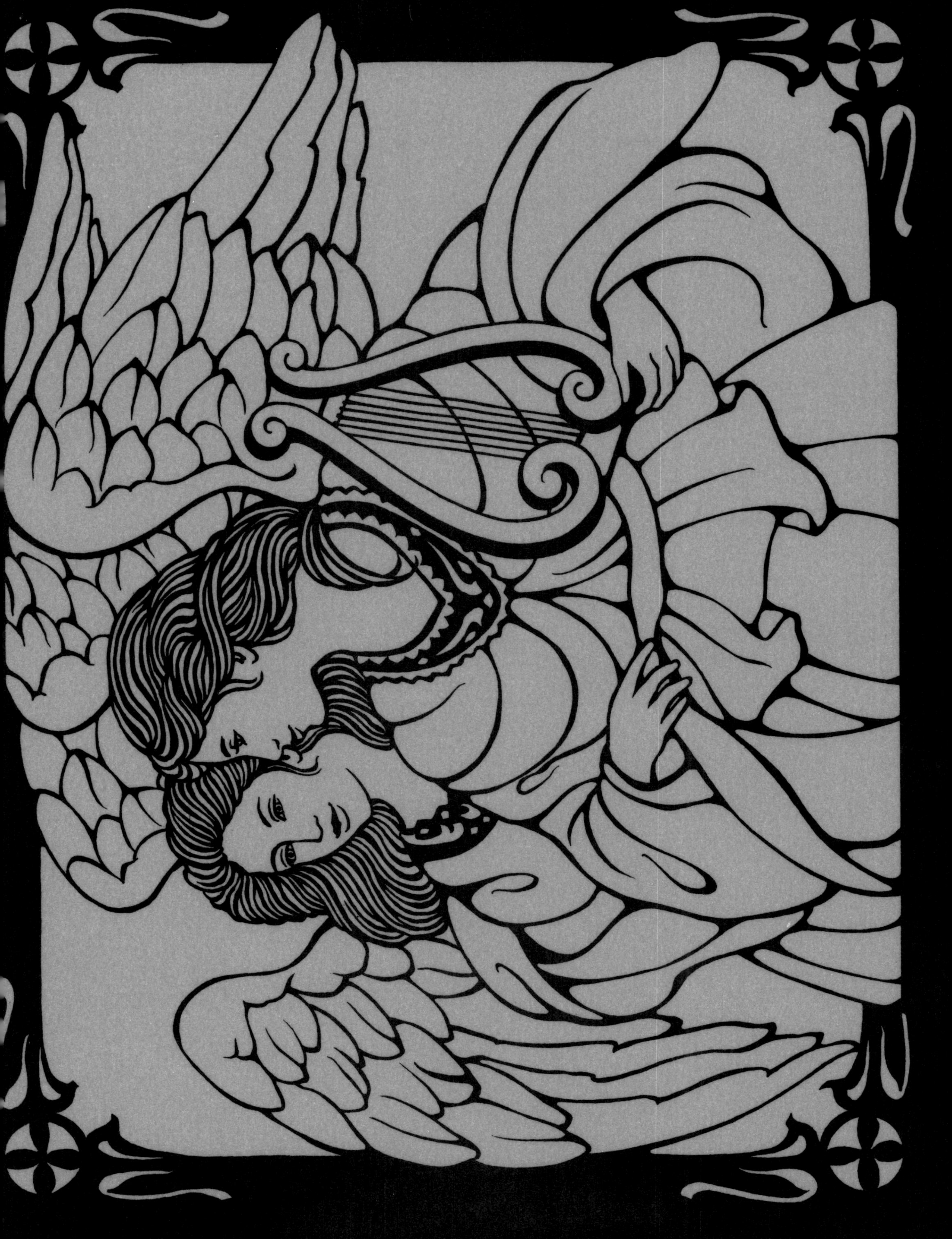

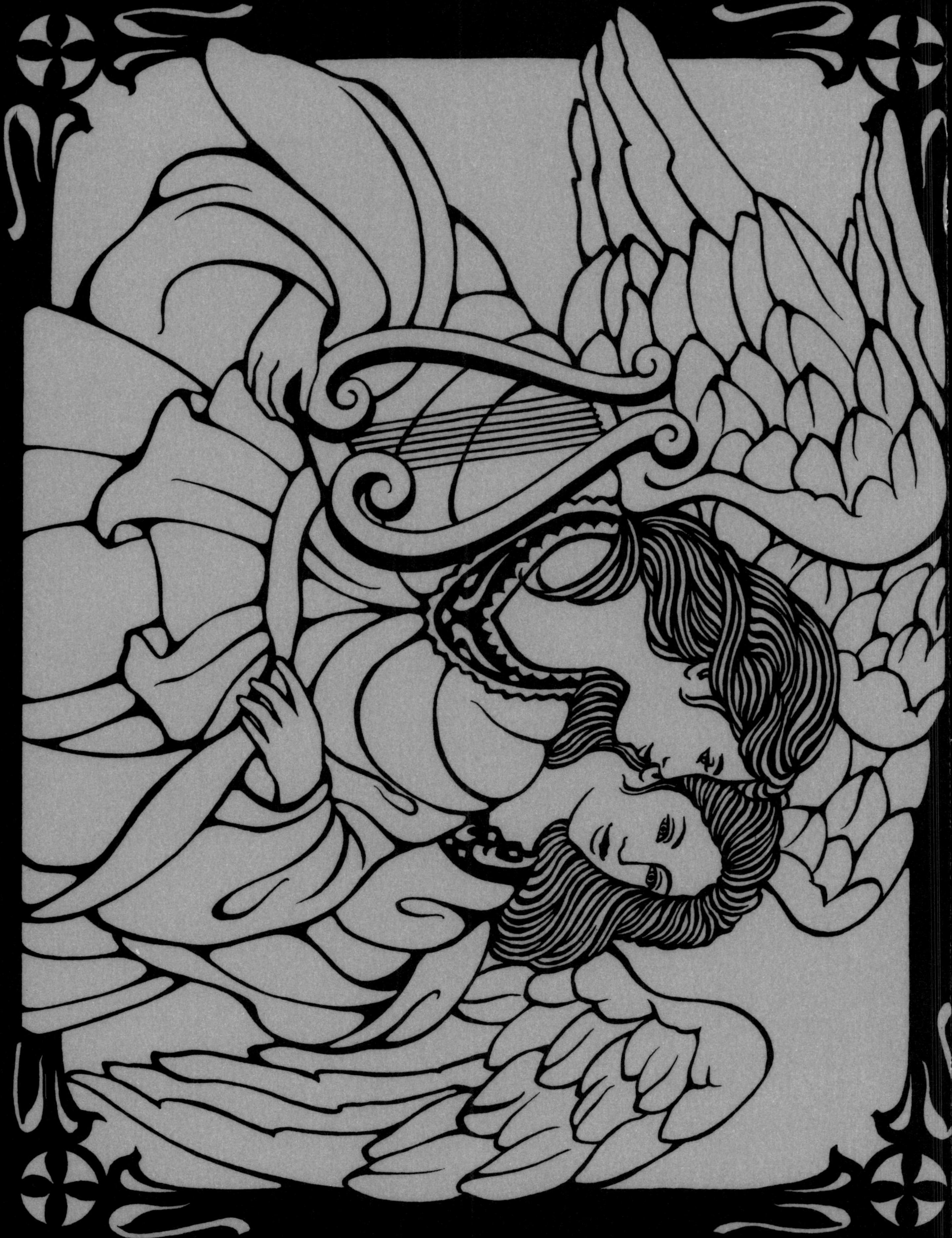

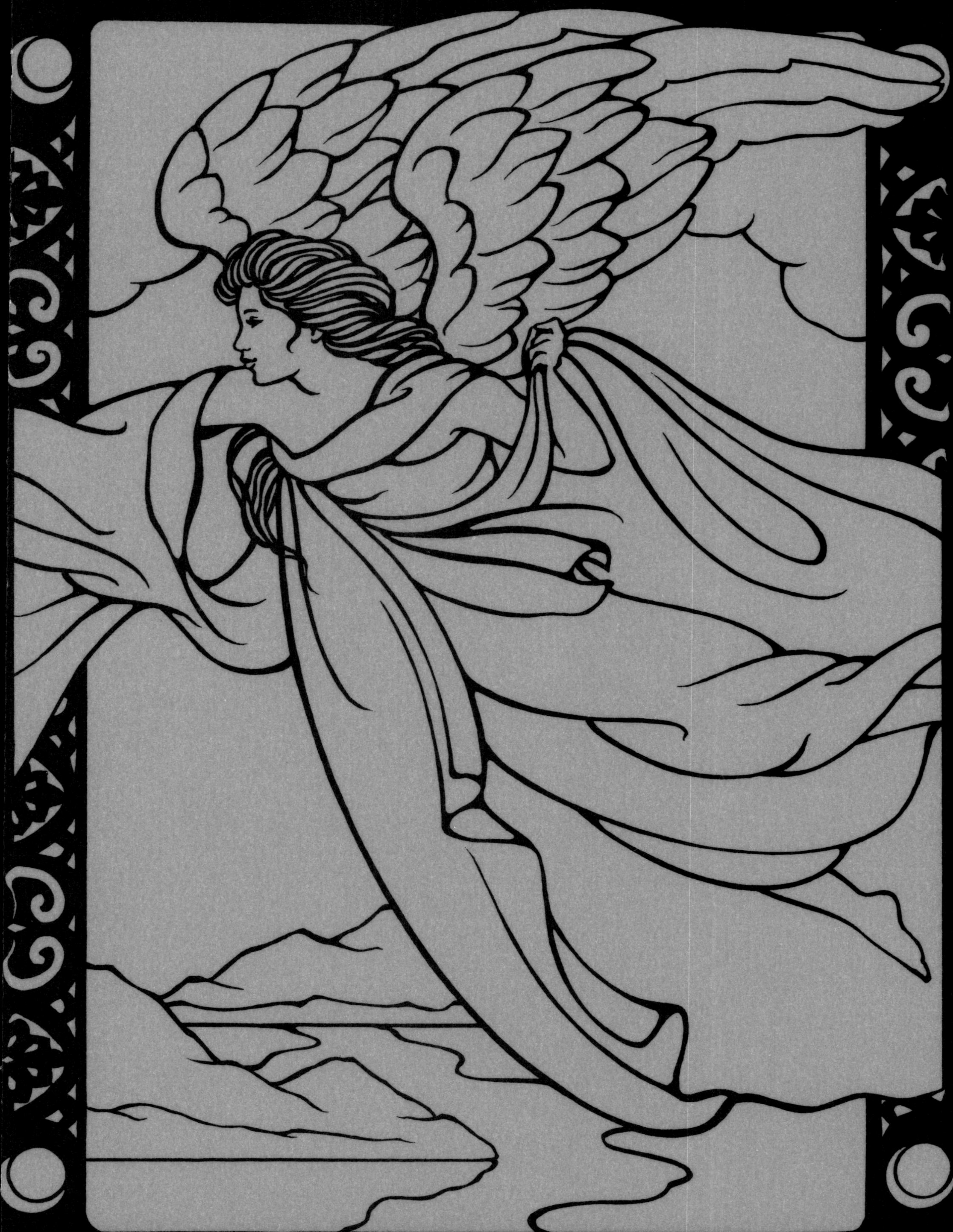

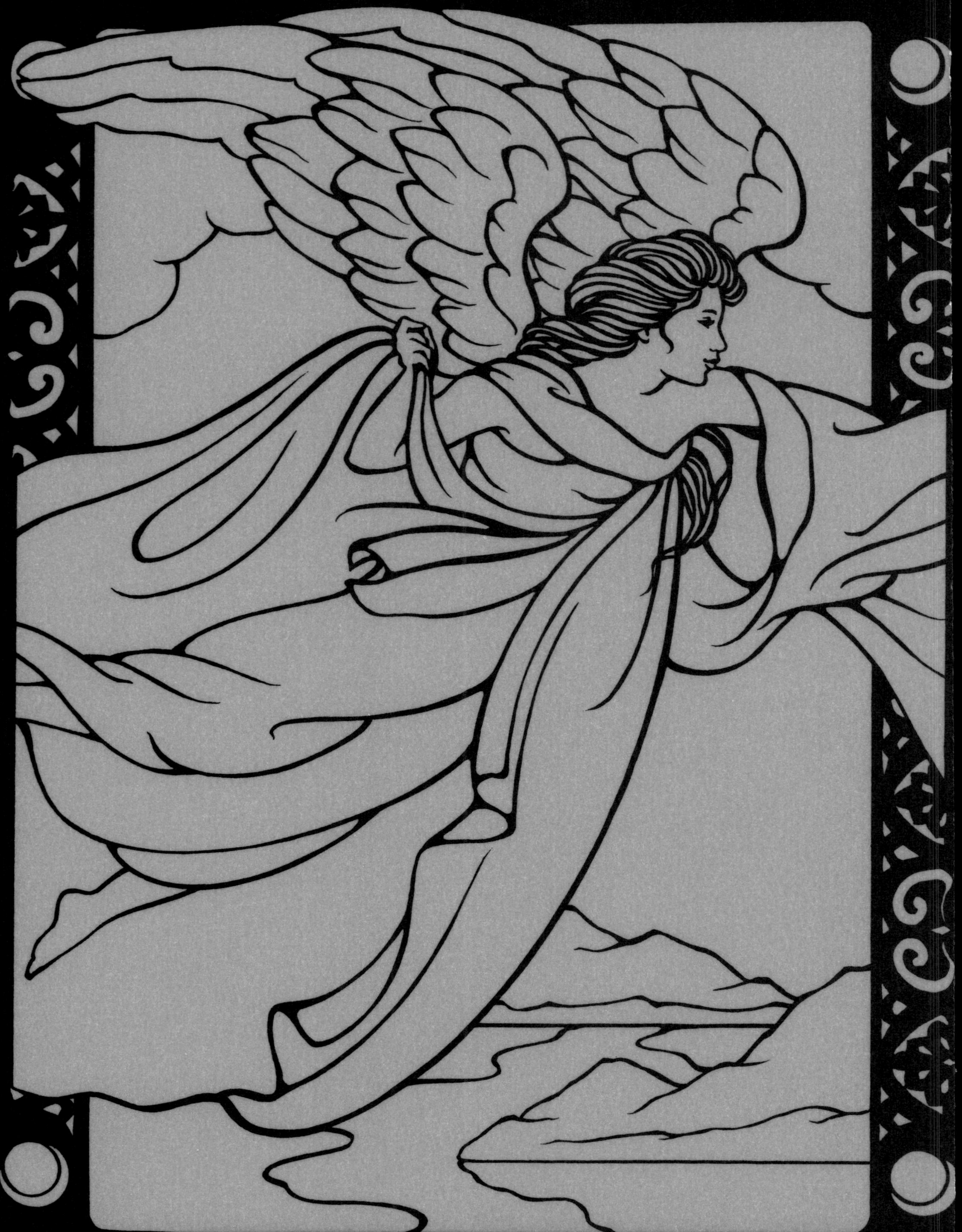

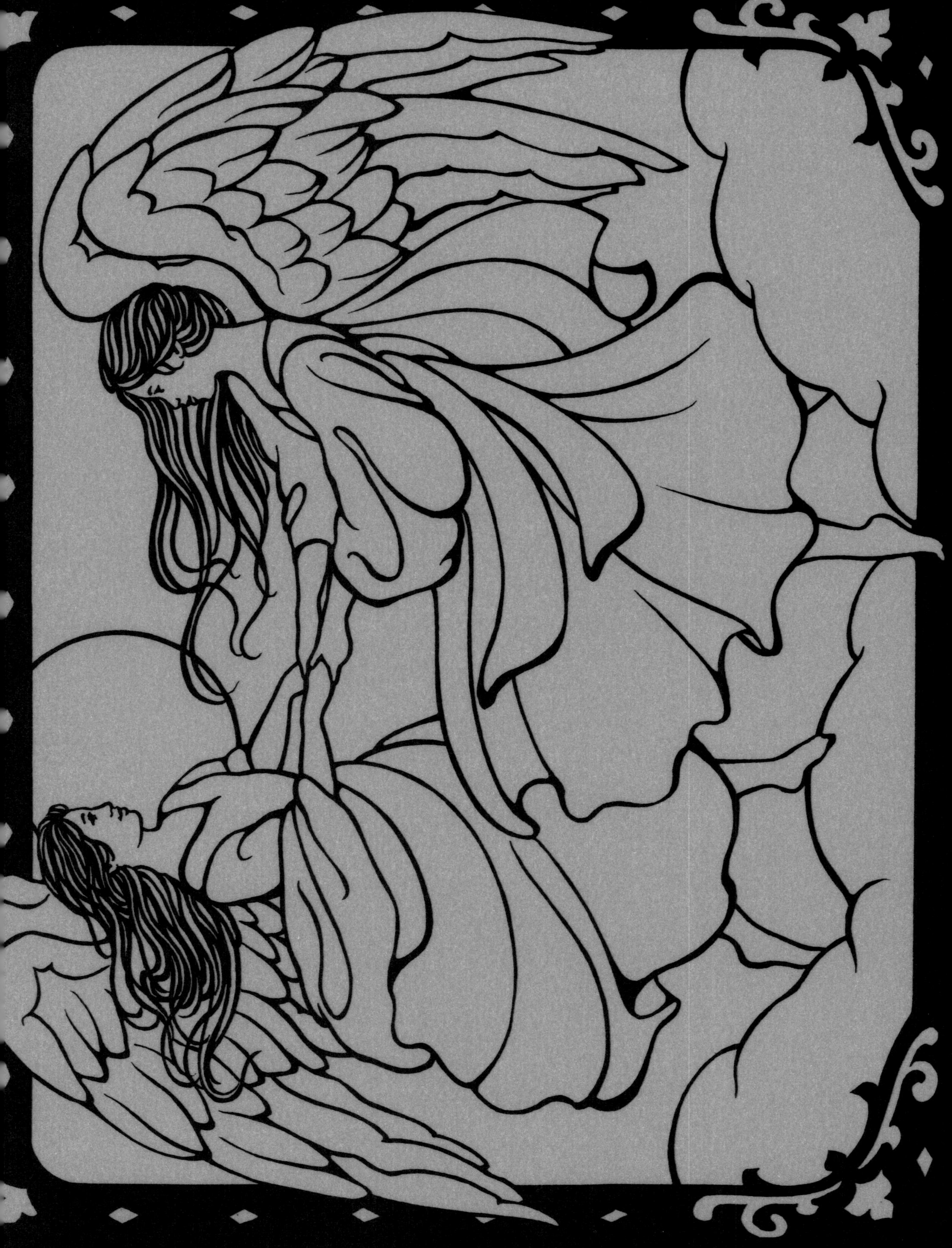

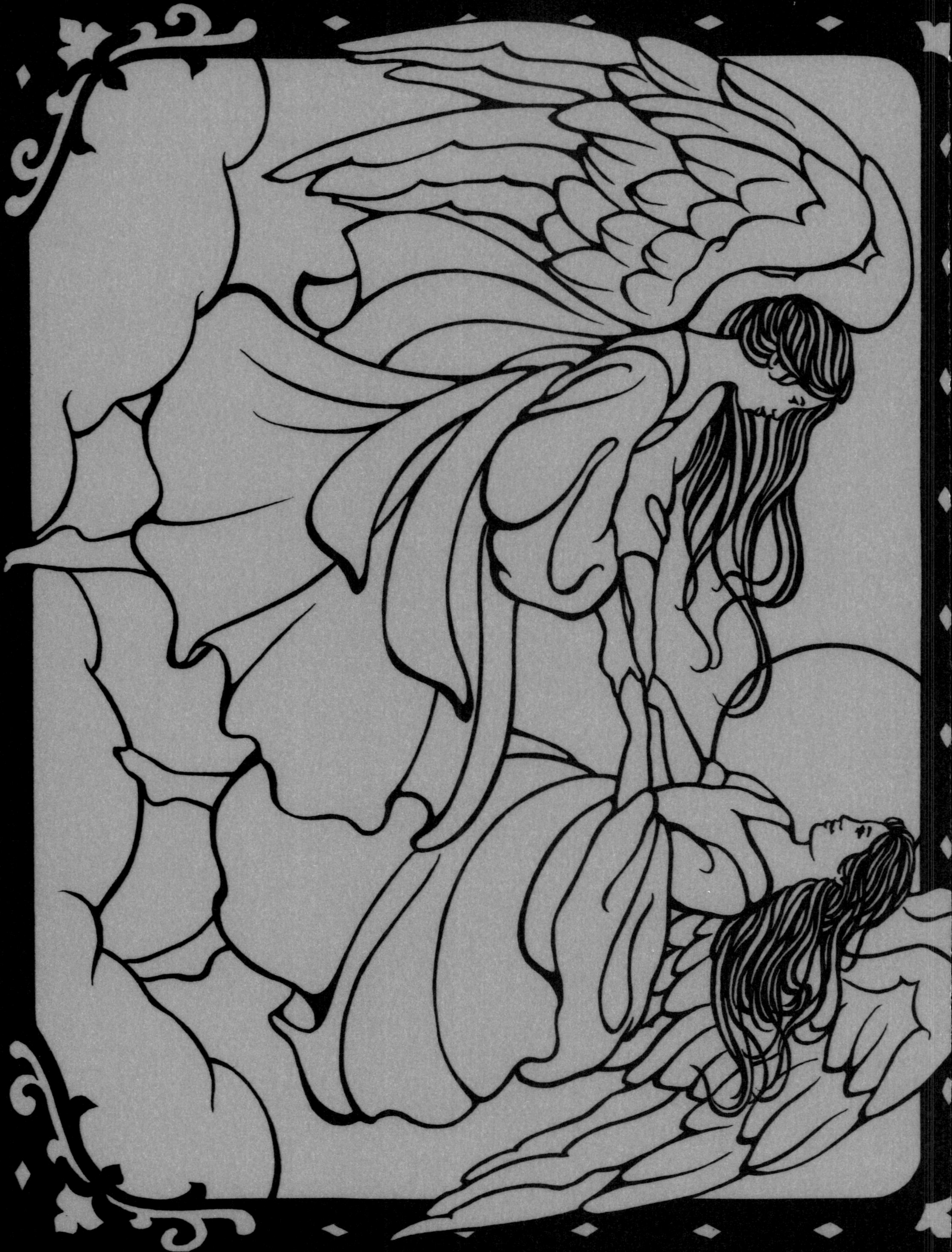

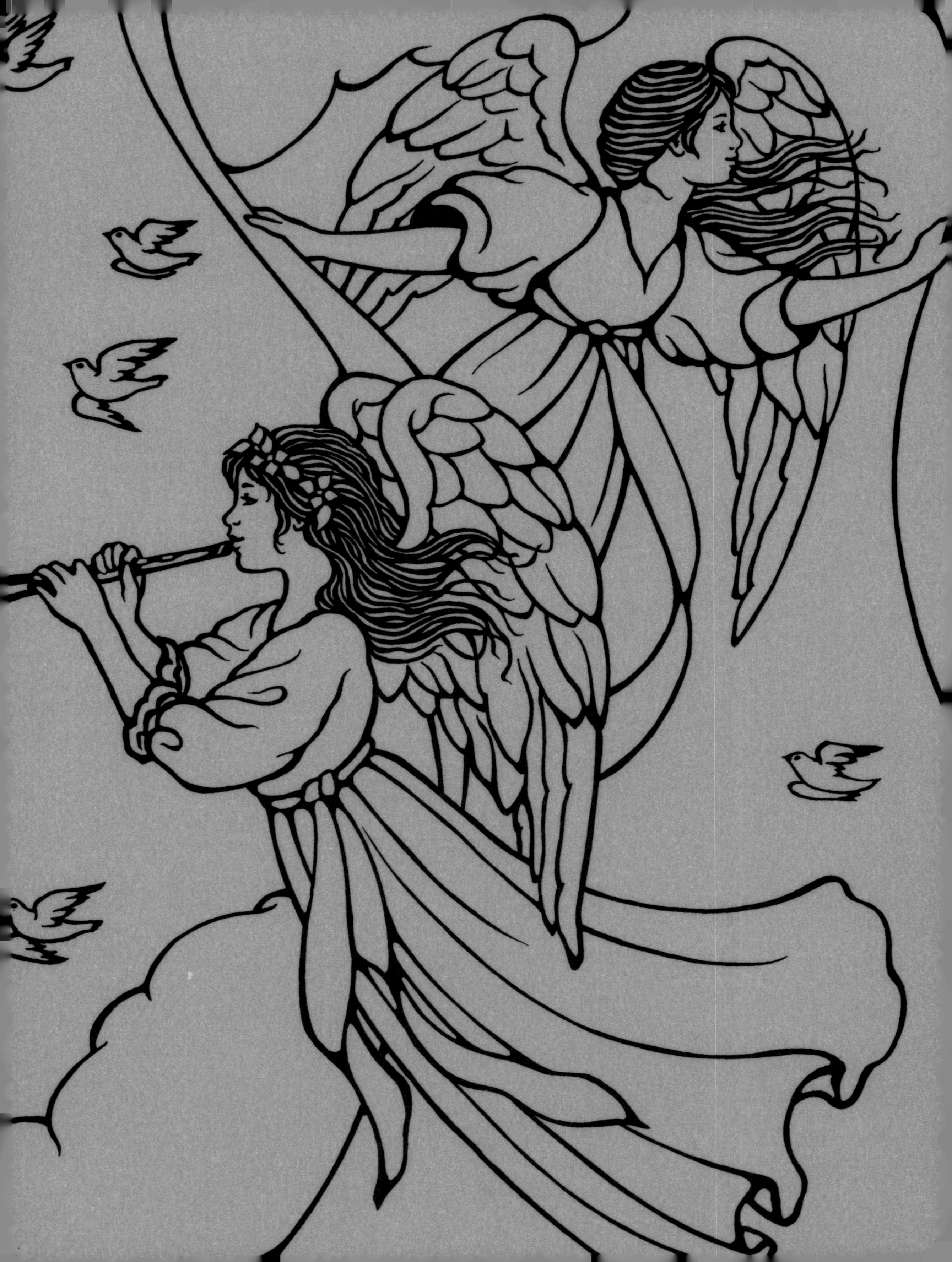

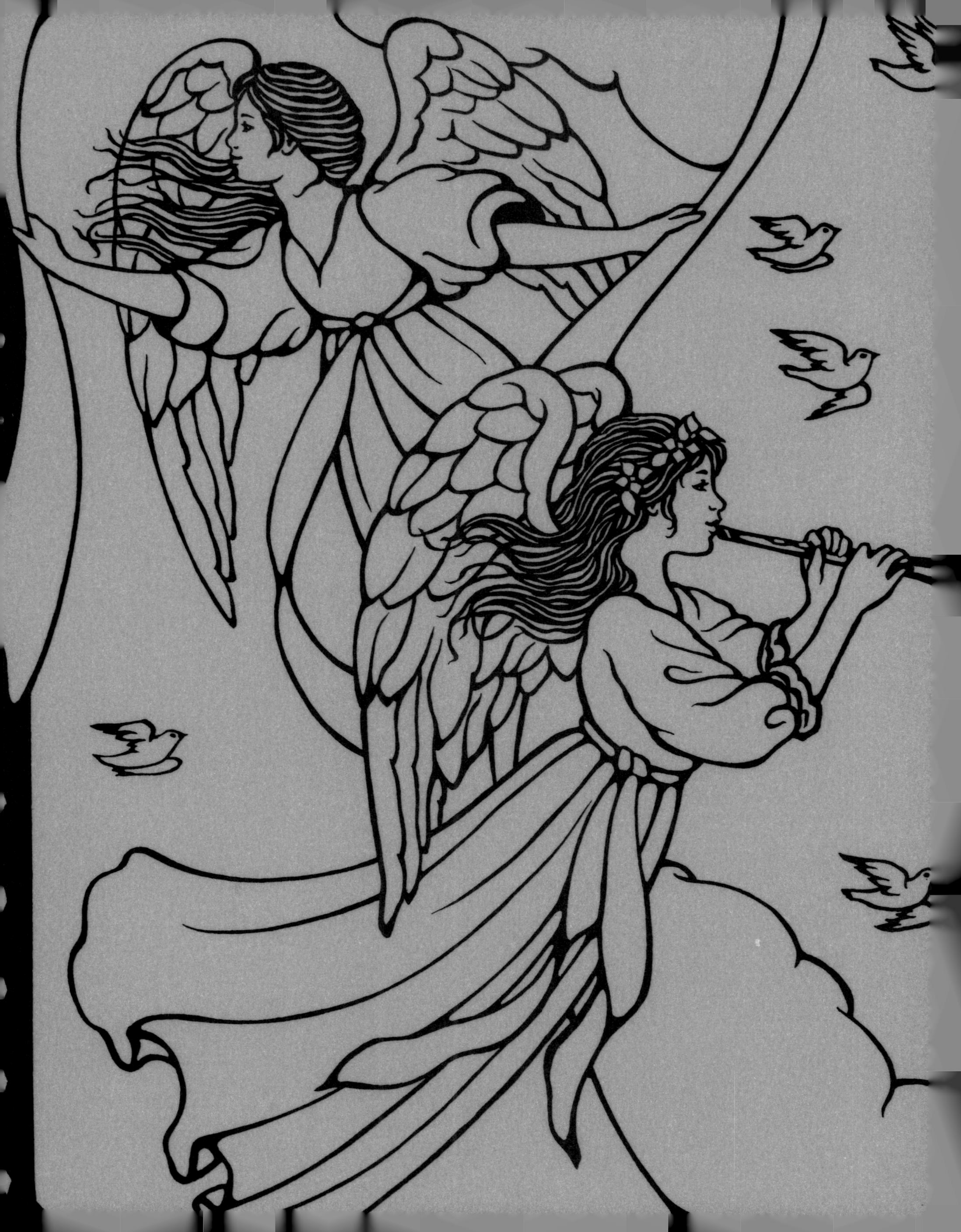

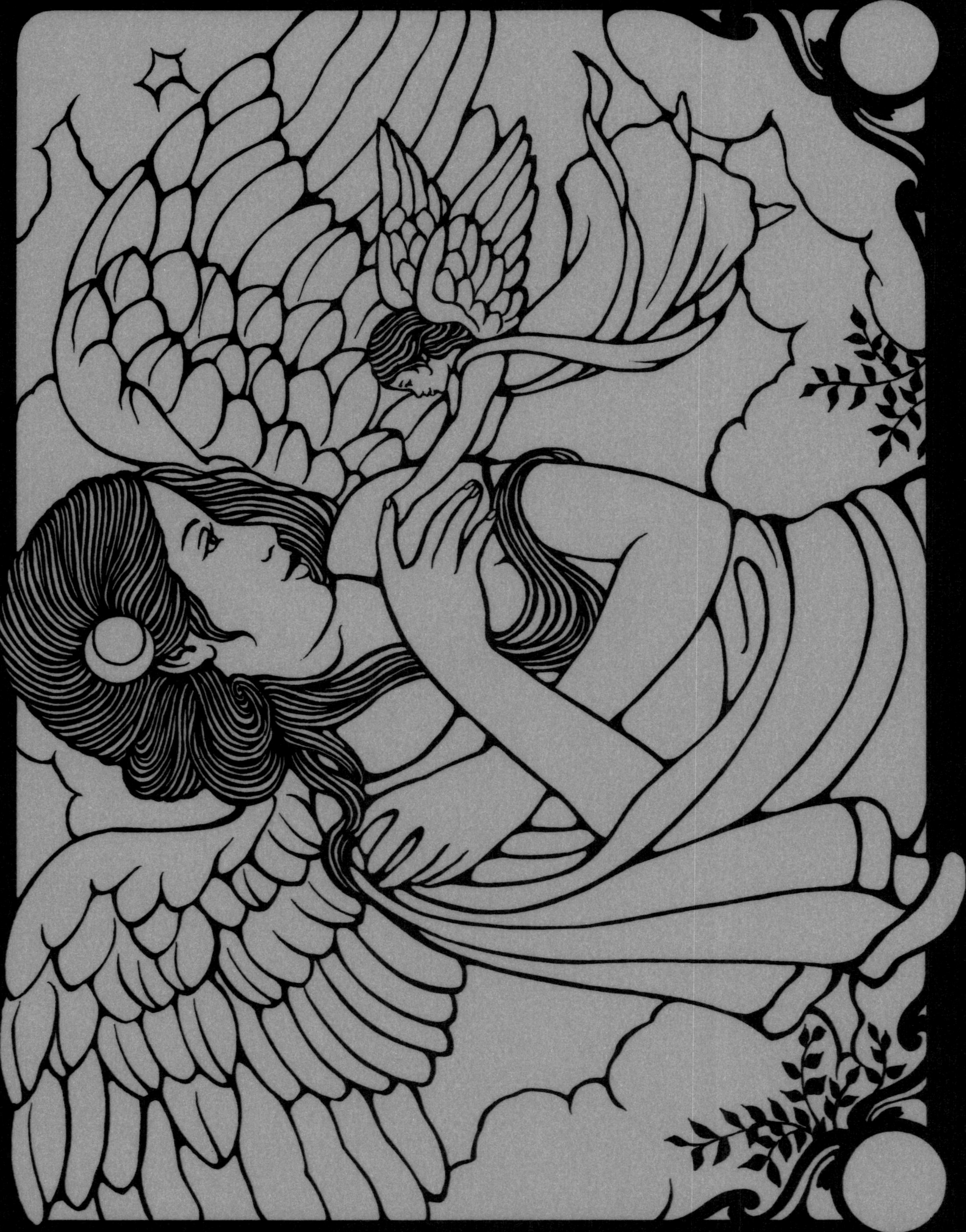

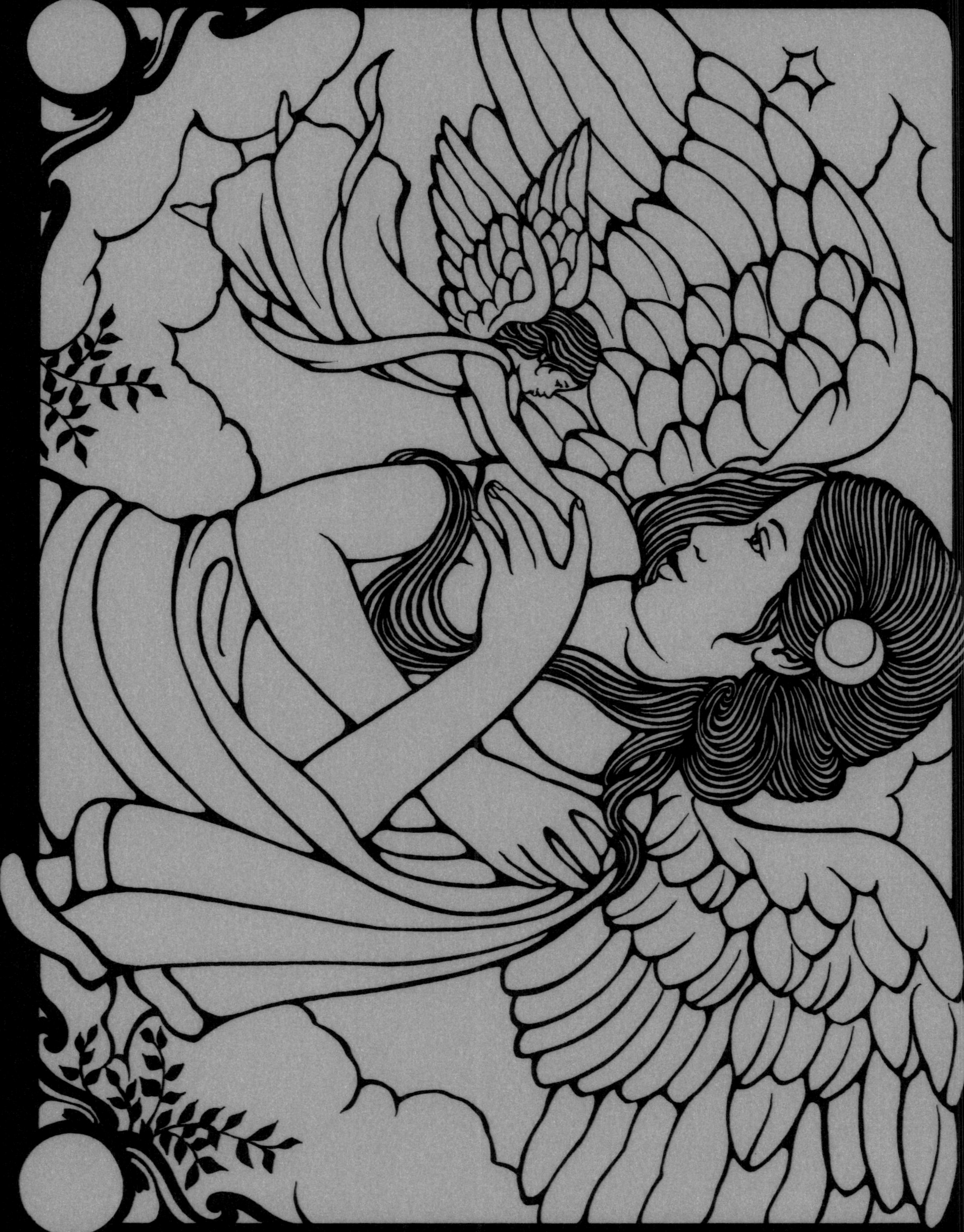

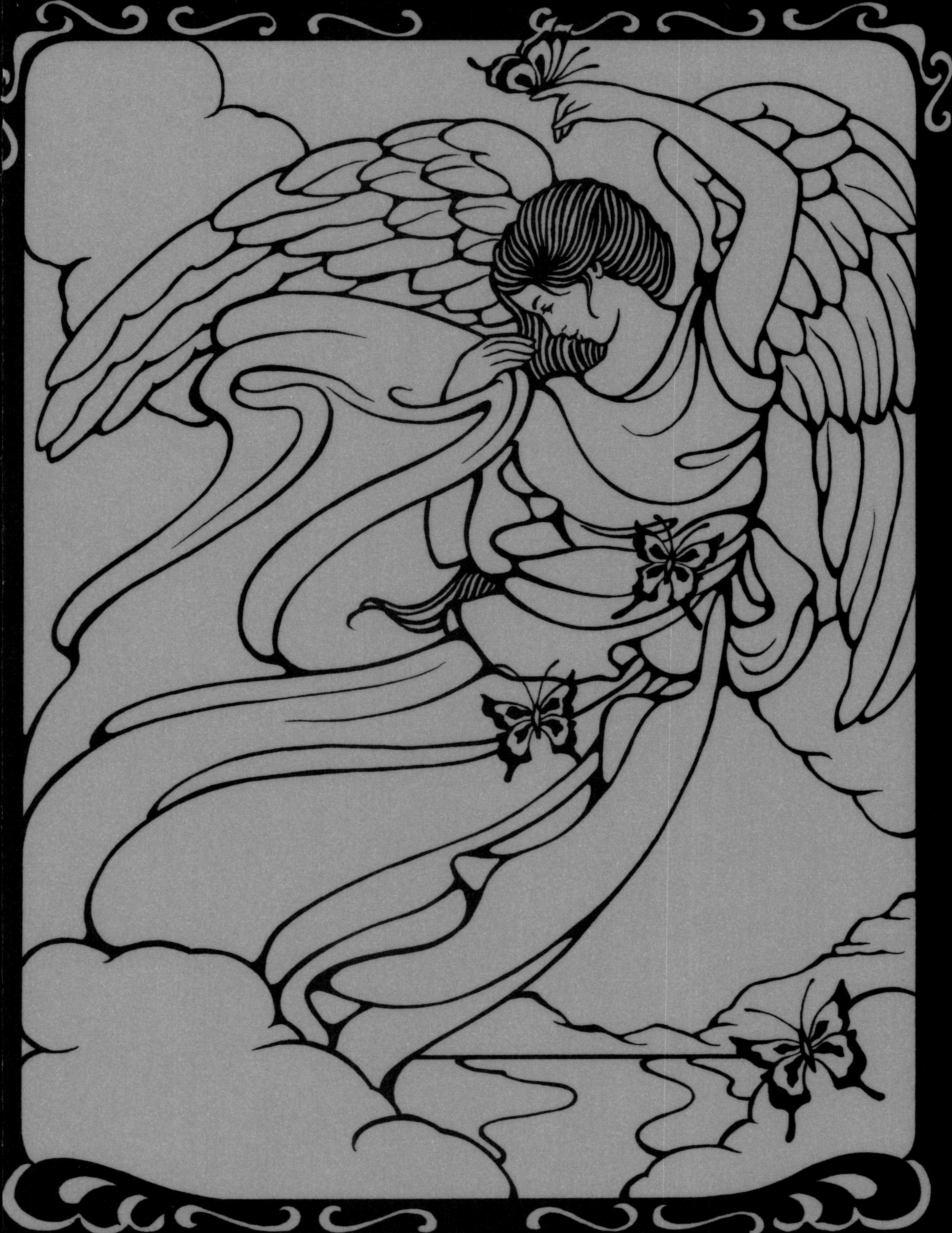

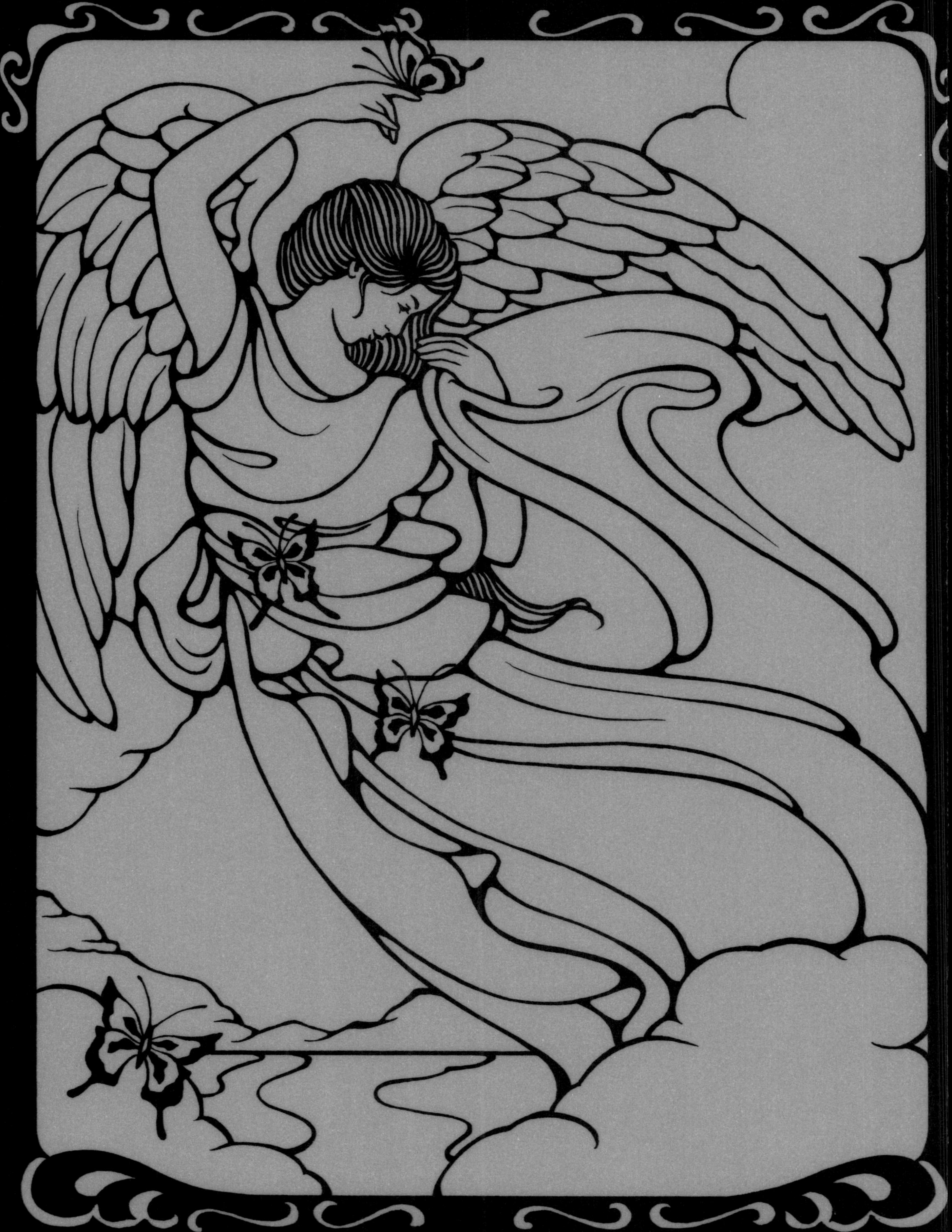

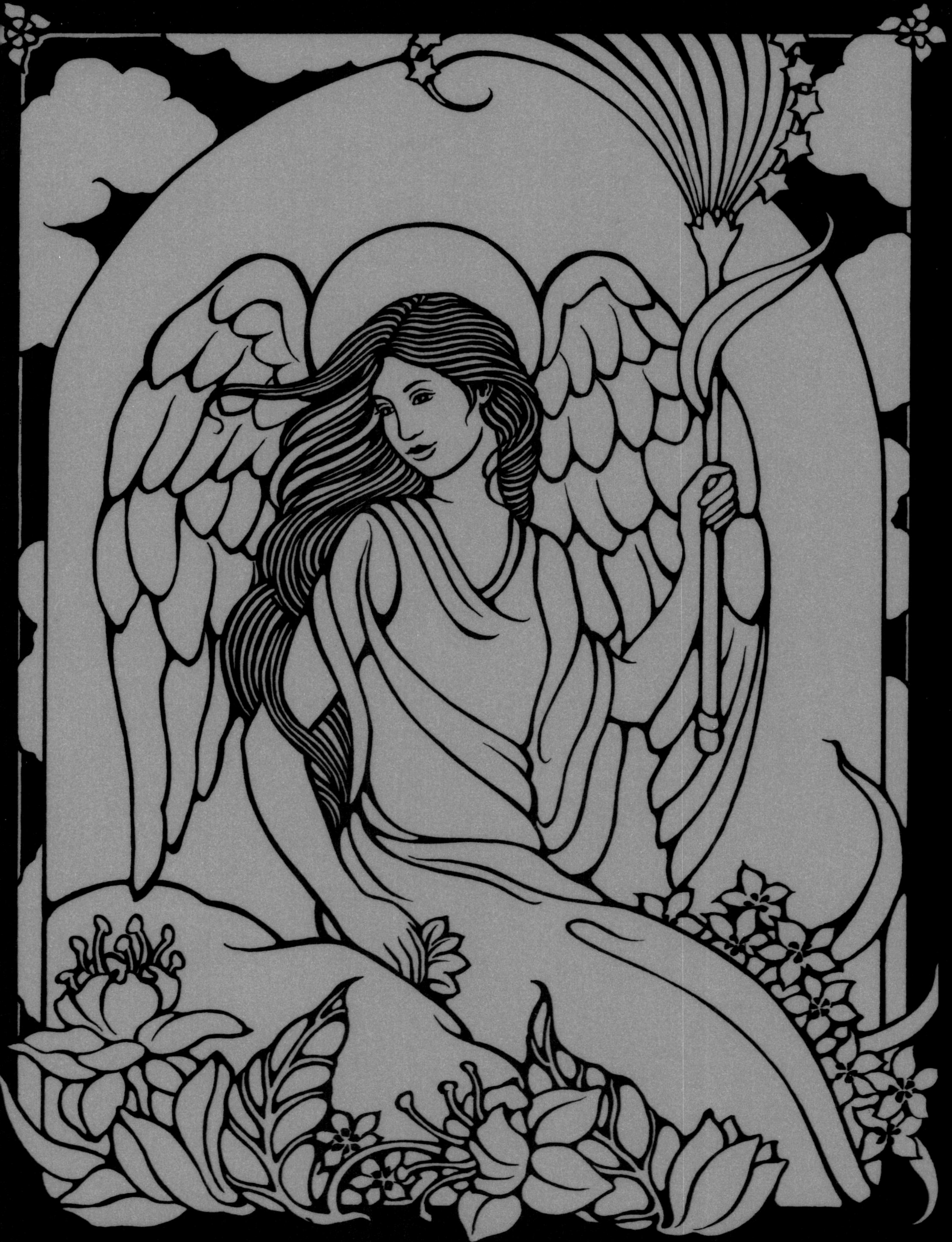

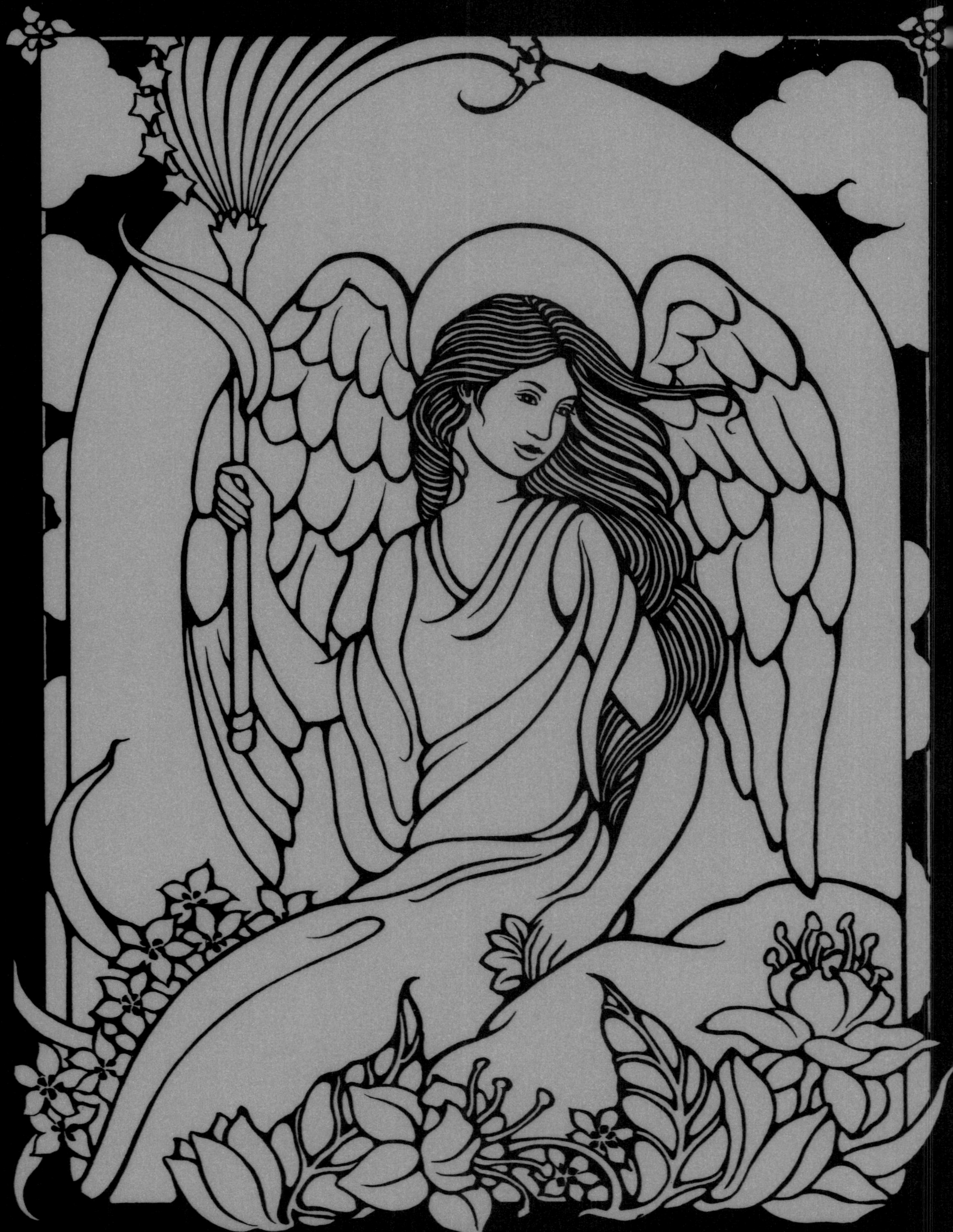

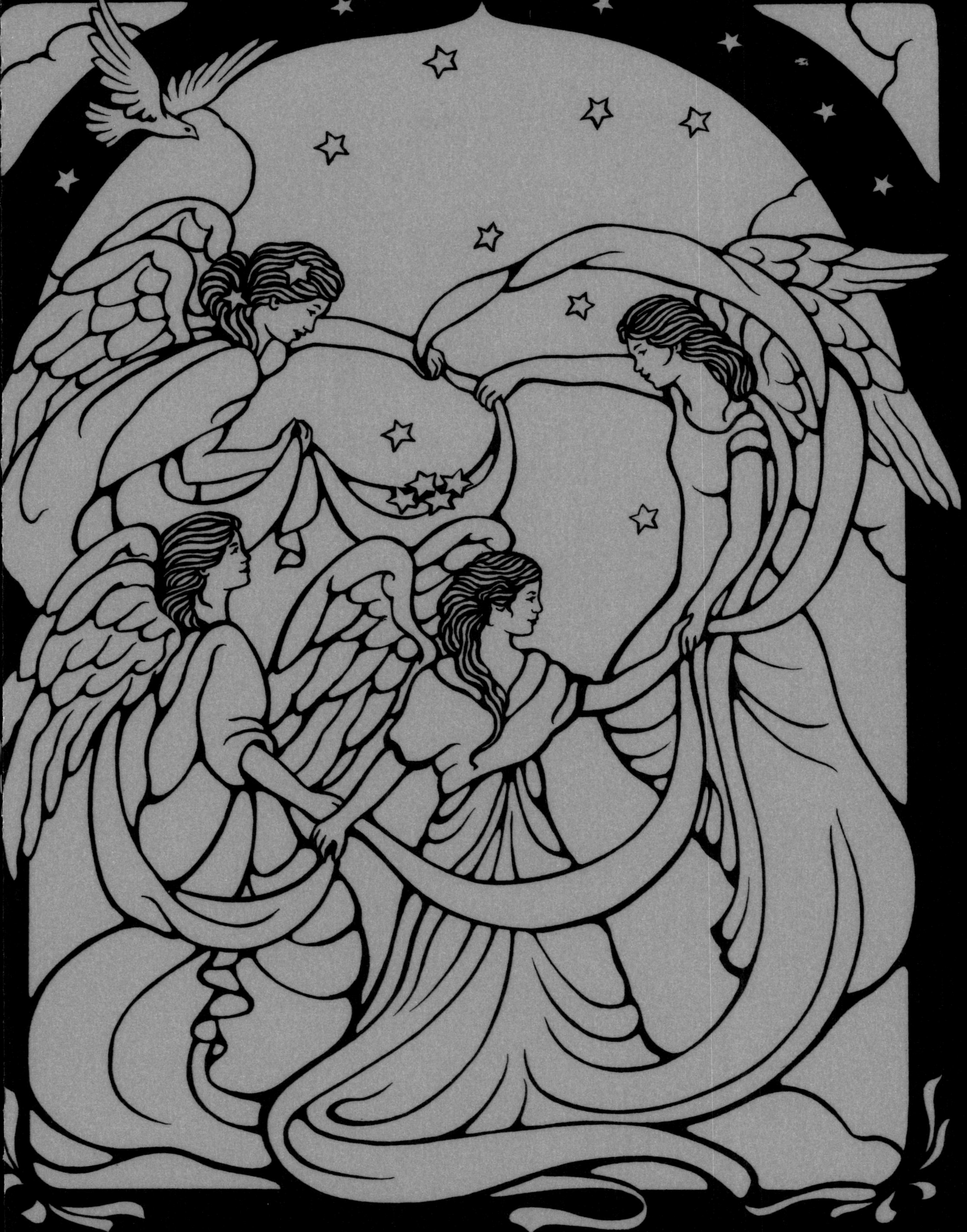

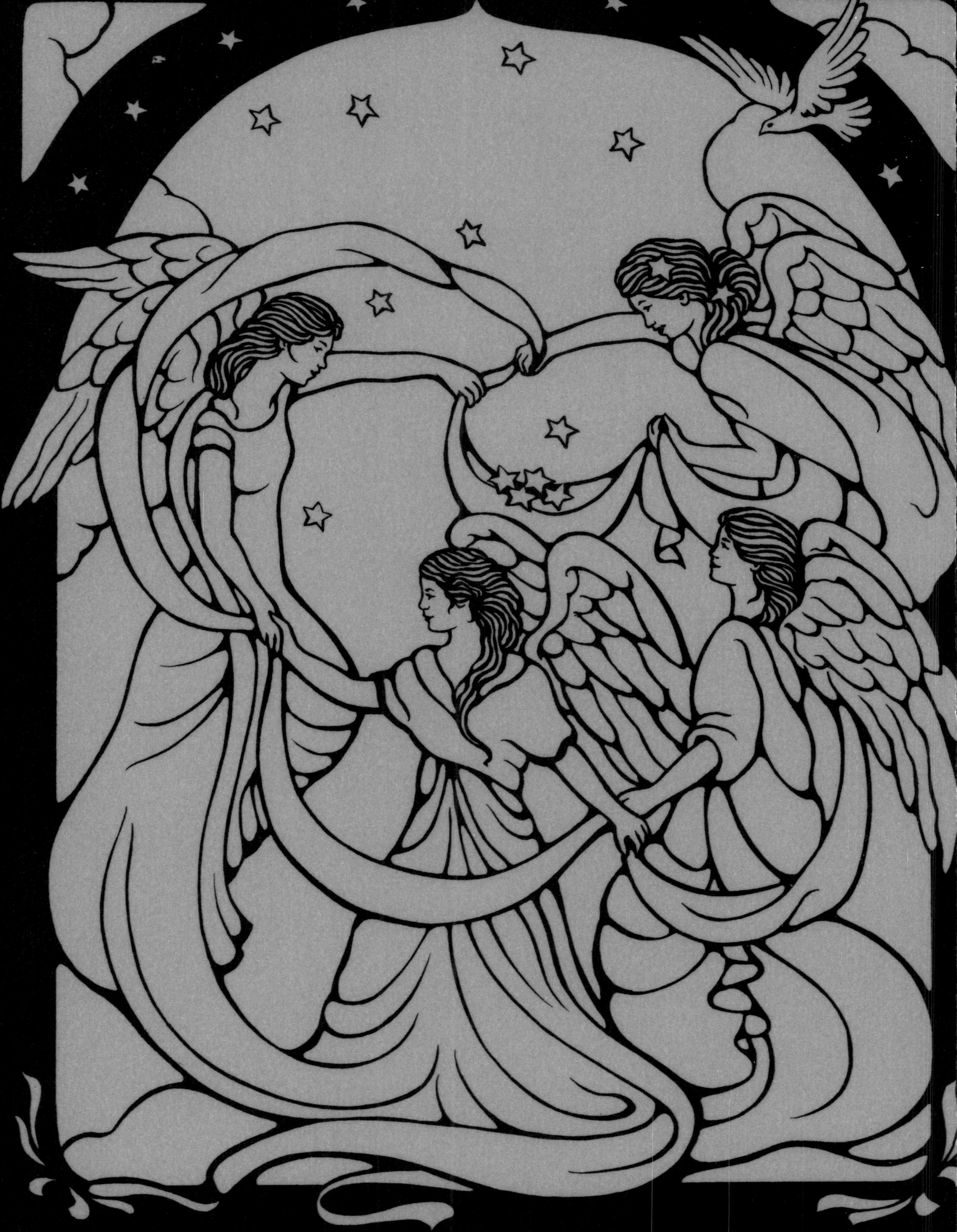